একটি হৃদয় - অনেক ভাঙ্গন

(কবিতা এবং সাহিত্যের একটি সংকলন)

সন্দীপ কুমার মিশ্র

মুখবন্ধ

কবিতাগুলো কবির ব্যক্তিগত ডাইরি থেকে নিবদ্ধ করা হয়েছে। এর মধ্যে কিছু কবিতা রয়েছে যা কবির বাল্যকালে রচিত আর কিছু কবিতা রয়েছে যা যৌবনকালে রচিত । অবসর জীবনেও তিনি তাঁর কাব্য প্রতিভার চর্চায় অটল ছিলেন। পাঠকবৃন্দের উদ্দেশ্যে- এ কাব্যাংশে নিখুঁত ভাষার অনুসন্ধান করবেন না। এগুলো প্রকাশ করার উদ্দেশ্যে ছিল না। এটা শুধু সেই নির্দিষ্ট সময়ের আবেগ এবং অনুভূতির বহিঃপ্রকাশ মাত্র। এ কাব্যাংশে তাঁর সবটুকুই অক্ষুণ্ন রাখা হয়েছে।

পুরক্ষার ও সম্মাননা

অ্যামাজন বেস্ট সেলার বই

পাঠক প্রিয় রৌপ্য পদক

'ইন্টারনাশনাল বুক অ্যাওয়ার্ড '-এ শর্টলিস্ট করা হয়েছে

'ইন্ডিজ টুডে বুক অ্যাওয়ার্ড'- এ শর্টলিস্ট করা হয়েছে

'সাহিত্য টাইটান বুক অ্যাওয়ার্ড'- এর জন্য মনোনীত করা হয়েছিল

'নিউ ইয়র্ক বই উৎসব'- এ শর্টলিস্ট করা হয়েছিল

'ইন্ডিপেন্ডেন্ট অথর নেটওয়ার্ক (আই.এ.এন.) বুক অ্যাওয়ার্ড'- এ মনোনীত করা হয়েছিল।

শিরোনাম-

একটি হৃদয় -অনেক ভাঙ্গন

লেখক-

সন্দীপ কুমার মিশ্র

অনুবাদক-

সৈয়দ আশরাফুল ফেরদৌস

প্রকাশক-

টেকটাইম

চিত্র-

হেতাল মিশ্র

প্রকাশক-

ভারতীয় কবিতা পর্যালোচনা প্রেস

সংস্করণ-

মার্চ 5, 2023

কপিরাইট- আর কে শর্মা

কপিরাইট- সন্দীপ কুমার মিশ্র

কবিতা সংকলন সম্পর্কিত-

আমাদের এ জীবনের ক্ষেত্রে আমরা সকলেই একটি বিষয়ে একমত পোষণ করতে পারি যে, আমরা সকলেই জীবনের কোন এক সময়ে হতাশ হব। আমরা যখন আমাদের ভাগ্যের সাথে কারো ভাগ্যের মিল দেখতে পাই, বা এরূপ কোন পরিস্থিতির সম্মুখীন হই, তখন আমরা একই রকমের সহানুভূতি অনুভব করি বা সেটি পড়ে বা শুনে সান্ত্বনা পাওয়ার চেষ্টা করি। একই বিষয় এই সংগ্রহের ক্ষেত্রেও প্রযোজ্য। এই কবিতাগুলির বিষয়বস্তুর বেশিরভাগ অংশই মূলত ব্যক্তিগত আবেগ এবং সমসাময়িক পরিস্থিতির কাব্যিক প্রতিচ্ছবি-মাত্র। কবিতাগুলো কবির বিশ বছরের জীবনের বৈচিত্র্যময় ঘটনাবলির সংকলন এবং একই সাথে এগুলো যেন, স্পষ্ট, সত্য, শুদ্ধ অনুভূতির এবং পরিস্থিতির তীব্র বহিঃপ্রকাশ। এইভাবেই কবির কাব্য চর্চার শুরু হয়। এই সংকলনের অর্ধেকেরও বেশি কবিতাসমূহ বিগত পাঁচ বছরের বিভিন্ন পত্রিকায় প্রিন্ট বা ডিজিটাল সংস্করণে প্রকাশ পেয়েছে।

কবি সম্পর্কে-

সন্দীপ কুমার মিশ্র 'ভারতীয় কবিতা সমালোচনা'র কবিতা বিষয়ক সম্পাদক। তিনি "পাঠক প্রিয় পুরস্কার-২১", "ইন্ডিয়ান অ্যাচিভার্স অ্যাওয়ার্ড-২১", " আইপিআর কবিতা পুরস্কার- ২০২০" এবং সাহিত্যিক টাইটান বুক অ্যাওয়ার্ড ২০২০ অর্জন করেছেন। তিনি একই সাথে "আন্তর্জাতিক বই পুরস্কার- ২০২১", "৫২তম নিউ মিলেনিয়াম পুরস্কার- ২০২১", "এশিয়ান অ্যান্থোলজি- ২০২২" এবং "আনাসি স্টোরি অ্যাওয়ার্ড- ২০২২" লাভ করেন।

অতিরিক্ত তথ্য-

https://www.sandeepkumarmishra.com/

প্রাপ্তি স্বীকার-

এই ম্যাগাজিন, জার্নাল বা অনলাইনের কিছু কবিতা আগেও প্রকাশিত হয়েছে-

সোসাইটি অফ ক্লাসিক্যাল পোয়েটস, থার্ড ওয়েডনেসডে, মাউন্টেন রিভিউ, ব্রাসিলিয়া রিভিউ, রেড আর্থ রিভিউ, রেডফেজ, রিফ্লেকশন, স্ক্যারস, স্ন্যাপড্রাগন, সুসান জার্নাল, দ্য ব্লটার, ক্রাইটেরিয়ন, কোয়েল বেল, দ্য হিউম্যান টাচ, দ্য লিটারারি ইয়ার্ড, থিন এয়ার, টরিড লিটারেচার জার্নাল, উইলার্ড এবং ম্যাপেল, উইনামপ, ইগড্রাসিল, রিয়্যালি সিস্টেম, পোয়েট্রি স্যুপ, এশিয়ান সিগনেচার,গারফিন্ড লেক রিভিউ চিরন,রিভিউ,কোল্ড নুন, কনভারজেন্স, কার্লিড, ডিগিং থ্রু দ্য ফ্যাট, ডাউন ইন দ্য ডার্ট, ফিকশনাল, গুড ম্যান প্রজেক্ট, পোয়েট্রি নুক ম্যাগাজিন, হারবিঙ্গার অ্যাসাইলাম, হাওয়াই রিভিউ, হেলিক্স, হাই প্লেইন রেজিস্টার, জোই অ্যান্ড দ্য ব্ল্যাক বুটস, লিটারারি অরফানস, ম্যারাথন লিটারারি রিভিউ, ফেনোমেনাল লিটারেচার,জুচ ম্যাগাজিন ও মিসকল্যানি, ভার্বাল আর্ট,লন্ডন লিটারারি রিভিউ, সানেনিও, সান হার্ড (এসএনএইচ), জিএফটি প্রেস, বষে জিন, স্টোন কোস্ট রিভিউ, পোয়েট্রি স্পেস, ইন্টারন্যাশনাল টাইমস ইট, পোয়েট্রি লিভস, কার্ডিনাল সিন্স, ইন্ডিয়ানা ভয়েস জার্নাল, মাড সিজন রিভিউ, দ্য ইন্টারনেট ভয়েড, স্যালমন ক্রিক, ড্রিমার্স অ্যান্থলজি, অল পোয়েট্রি, কানাডা কোয়ার্টারলি, দ্য রাইট লঞ্চ, ডিজে জেলাল,অ্যাকুইলারেল-ই, সেতু ম্যাগাজিন, রাম্বুটান লিটারেরি, দ্য বিচিন কিটস, পোয়েট্রি অন দ্য মুভ, অ্যাক্টিভ মিউজ, পোয়েম ভিলেজ, হার হার্ট পোয়েট্রি, পার্সেল প্রেস, ফিকশন উইক, দ্য ডায়েরি ফাইল,

কুছ পোয়েটিক, দ্যা রাইটার্স অ্যান্ড রিডার্স, পোয়েম হান্টার, কিতাব.ওআরজি, পোয়েট্রি সিডনী, রিয়েলেস্টিক পোয়েট্রি, অ্যাবল মিউজ, পোয়েট্রি অন দ্যা মুভ, ট্রিপটন কবিতা জার্নাল এবং আরও অনেক কিছু।

ব্যক্তিগত-

আমি একটি মহাসাগর এঁকেছিলাম

আমার জগৎ

নদীর মৃত্যু

আমাকে তীব্র কষ্ট দাও

আত্মার চুমুক

ঘুমের দাম

কেন আমি আত্মহত্যা করতে বাধ্য হলাম?

আমার স্ত্রীকে লেখা চিঠি

পরিবার-

আমার উঠানে এক ক্ষণস্থায়ী গাছ

সমুদ্রের দৃশ্যপট

সে কবিতা পড়ে চলে

এক ঝলক অলীকবস্তু

একটি রংধুনুর স্মৃতি

আমার মা

আমার বাবা

আমার বোন

আমি একটি মহাসাগর এঁকেছিলাম

আমি একটি মহাসাগর এঁকেছিলাম
তবে ভুলে গিয়েছিলাম সেই তীর
কোন তরণী ছিলনা সেখানে
ছিল এক চাহনি, যেন সে চাহনি আপন অধীর,
ছিল এক অনন্তের পথে পালতোলা যাত্রা
ধাক্কায় ধাক্কায় সমুদ্রে ছিল অসম ঢেউয়ের মাত্রা

শত শত বছর ধরে খুঁজেছি আমি শুধু একা
যদি পাই কোন সমুদ্র-যাত্রারসঙ্গীর দেখা,
এখনও আমি সেই মরমর শুন্য পাটাতনে দাঁড়িয়ে।
আশ্রয়ের জন্য একটি দ্বীপ দরকার আমি যে গেছি হারিয়ে
যখন আমি বেতারে বার্তা করি প্রেরণ
তখন করে শুধু শুনসান নীরবতা বিচরণ,
প্রত্যুত্তর আসেনা কভু শূন্যতার দরুণ।

প্রত্যেকটি জলোচ্ছ্বাসে আছড়ে পড়েছিল ঢেউ
তারা বক্ষমূল হতে তেড়ে আসছিল সাথে ছিলনা কেউ,
অনুভব করেছি আমি যে এক মুক্তা ছাড়া ঝিনুক,
সব যেন মিলে আছে আপন বিশালতায়
জীবনে যাই আসুক নাকো আছে সামলানোর সক্ষমতা
তবে জীবনের শেষ উপলব্ধি এই, যেন মৃত সাগরের
নীরবতা।

আমার জগৎ

আমার শরীরের উপরের অংশ যেন এক দুলতে থাকা ঘন্টা
জীবনের সুরগুলো যেন নানান সুতোয় বাধা
একেক সুতোয় খেলে যায় একেক সুর
বার বার বেজে ওঠে করুণ বা সুমধুর
বার বার দেয় নাড়া নানা সুরে ঝংকার
বিফল হয়ে পড়ে যেন ভীষণ ধূসর।

কাঠ চোরাকারবারীযেমন করে নিত্য পারাপার
আমি যেন তেমনই কুণ্ডলীপাকা নিত্য অসাড়
নেই যেন আপন মাঝে কোনো চঞ্চল প্রাণ,
প্রাণশক্তি ছিল যত সব হয়ে গেছে সংকুলান,
কিভাবে পাব সেই স্বত্বার আধার?

দিন রাত সব এক করি যে আমার
মাথার ভেতরে সব জটবাঁধা তার
কণ্ঠ আমার যেন বাকরুদ্ধ ভার,
আঁকি যত ছক তাতে দ্বন্দ্ব এ আত্মার
ছিটকে যায় আমার যত কল্পনা এ স্বত্বার
খুঁজে পাই না আমার কোন অনুকার স্বর
যেন আমি পারিনি করতে আমার কল্পনা ছাড়।

ছিল আমার যত বিষন্নতার ছায়া; আমাকে গেছে ছেড়ে
রয়ে যায় শুধু আত্মস্বত্বা, আমি আর আমার ভীড়ে,
কেন স্বত্বার দ্বন্দে আমি হতে পারিনি পার, কেন আঁধার?
কেন এটি এক মহাবিশ্ব হতে পারে না

সাথে কি নির্ঘুম জাগা রাত এককটি নক্ষত্র সীমানা, তবে কি
ট্যাবলেট, সিরিঞ্জ, পিঠে ব্যথা আর নির্ঘুমতায় পারিনা?

আমার স্বপ্ন একটি মৃত ছকবাঁধায় হয়ে গেছে বন্ধ
যেমন জীবাশ্মের আভা কখনো হয়না নিবদ্ধ
সবাই আপন ঠিকানায় হয়ে গেছে আলাদা
যাতে বৈচিত্র রয়েছে দায়িত্ববোধে সহনশীলতা।

সব ছাপিয়ে আমি যখন সর্বশান্ত হচ্ছে সর্বনাশ
গড়ছি আমার ভারসাম্যহীনতা সংশোধনের আশ,
আমার যত কর্ম দেয়ালে ঝুলে থাক অবশেষ
তাতে সময়ের সাথে সাথে আমার জগতের পরিশেষ।

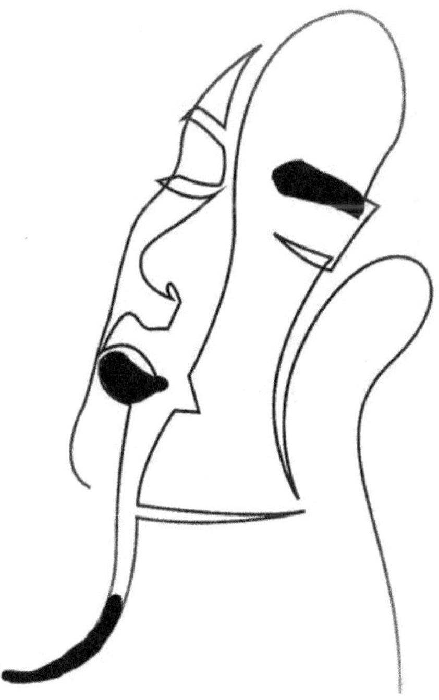

নদীর মৃত্যু

আমার মনে আমি প্রতিনিয়তই নিজের ছবি এঁকে চলেছি
আকস্মিক ধাক্কা ফুটে ওঠে ছবি হয়ে
প্রতিদিনের বাধার পথ
এক জরাজীর্ণ অধ্যায়ের মধ্যে।

আমার রোগাক্রান্ত শরীরে
চামড়া-ছিন্ন করা শক্ত সেলাইয়ের ক্ষত,
যন্ত্রনায় কাঁপছি যেন ছিটকে বাহির হবে প্রাণ
নিশ্বাস নেওয়ার শক্তিও যেন খুব কম,
আমি যে কন্ঠ শুনি তাও যেন আমার নিজের নয়
একটি পরিচিত সুরে যা কিছু নির্দেশ করে তাতে ভয়
নির্বোধ বিদেশী শব্দের ন্যায় সব কথা
প্রকাশ শুধু প্রচ্ছন্নতায় ঘোরেবাধা আমন্ত্রণে যথা।

যদি আমি এ থেকে নিজেকে করতে পারতাম নিঃশেষ
গোপনে আমার মাথার ভেতর
 লুকিয়ে আছে যত স্মৃতি আবেশ
তবে এটাকে দমিয়ে রাখা কোন বুদ্ধিমানের মত নয় কাজ,
এরপর খেললো একটা অবুঝ হাসির ভাঁজ
এক বসন্ত উদিত পথে সূর্যের রশ্মি
এক সমুদ্রের জাগরণে থাকে নদ-নদীর মহাপ্রস্থান
জীবনের গতির কৌশল আছে দুটি
আমার আমি তাতে কঠিনকেই নিয়েছি বাছি।

আমাকে আরো কষ্ট দাও

আমি দেখতে চাই সেই আবলুস কাষ্ঠের ন্যায় অহং
যে অহং আমাকে অভিশপ্ত এক
ভবিষ্যতের দিকে নিয়ে যাবে
সেখানে কোন মেঘ ভেঙ্গে আছে কিনা তা দেখতে।

না, না, অপেক্ষা করুন! আমি
পেরেছি আমার মনকে পরিবর্তন করতে
কিছু আলোচনার পর যতটা সম্ভব
তার পরেও আসতে থাকা অস্থিরতার মাঝে দেখায় আমাকে
যা হয়তো আমি পারব না সামলাতে।

আত্মস্বত্ত্বার পুনর্মিলন হবে আমার সঙ্গে
ঐশ্বরিক স্বপ্নে, ধুক ধুক কম্পিত হৃদয়ে,
ঘন ঘন জেগে থাকা রাতে, ঝগড়াবিহীন দিনে,
ক্লান্ত শরীর আর নিদারুন আত্মার সঙ্গোপনে।

দেখো! এখন আমি ছিন্ন ভিন্ন কম্পন অনুভব করছি প্রাণে
জীবন তখন আমাকে নির্যাতন করতে অস্বীকার করে।
যখন অনুভব করি এই আমার হৃদয়ের মাঝখানে।

আত্মার চুমুক

আমি দেখতে পাচ্ছি শুধু কালো মেঘ
একটি প্রলাপ আবোল-তাবোল, অস্তিত্বের বিভ্রম,
অনন্তের ছায়া
মানবজাতির নিষ্ফলতার একটি বিভ্রম মায়া

স্বর্গীয় পর্দার ঝলক
এক অবিরাম উন্মত্ত পলক
মাতালের রাজত্ব এই রাজ্যে
নৈতিকতা বিলুপ্তির ত্রাস
বিপরীত কর্ম করে একে অপরকে গ্রাস।

আমি ব্যাথায় নেই নিঃশ্বাস, ভয়ে নেই শ্বাস
পেতে চাই আমি সেই অন্ধকার নীরবতা
যেখানে সব রূপের হয় শেষ বাঁধ
আমি কি বেঁচে থাকব পেতে সে পাপের স্বাদ?

কখনও হয় না আমার সে সাহস
এটার তিক্ত স্বাদ কি আমি জানি তা
একটি ব্যর্থ চুমুক কিন্তু মিষ্টি স্বত্ত্বা।

ঘুমের দাম

আমি প্রতি রাতে শহরের অলি-গলি বেড়াই ঘুরে
স্বদেশী কিছু শান্ত আনন্দ কেনার তরে,
মানুষের জীবনের অন্ধকার আধ্যাত্মিক রহস্য
আমাকে পালাতে রাজি করে
সংগ্রাম ও বিবাদের দিন ভরে।

আমি সেই দেশে যেতে ব্যাকুল যেখানে সব যাব ভুলে,
আমি সেই অজানা অঞ্চলে হারিয়েছি কিন্তু
উপায় খুঁজতে খুজেতে আমি বড় পরিশ্রান্ত
যখন অপূর্ণ ইচ্ছা করে ঘন ঘন ঘোরাফেরা
আমার জীবনের সুতোয় জুড়ে কল্পনারা ।

স্বপ্নের রাণী হল ঘুম, কস্তুরী সুবাসে মাখা গোলাপের ঘ্রাণ
রোম্যান্সের নির্মলতা, কোকিলের সুমধুর সুর,
আমি সবসময় লালন করি যা আছে করুণ সুন্দর
কিন্তু জমকালো হবে প্রতিটি কাজ যা নিশাচর
যেথা নিদ্রাহীনতায় ছিল প্রেমের আগ্রহ আমার

প্রতিদিন আমাকে সহানুভূতি দেয় অথচ
প্রতি রাতে দেয় যন্ত্রণা,
আমি আমার ঘুম বিক্রি করতে চাই না,
যদিও কিনতে রাজি বা কাঁদতে প্রস্তুত কেউ হয় না।

কেন আমি আত্মহত্যা করতে ব্যর্থ হলাম?

যতদিন আমরা অবমাননাকর ভাষা একে অন্যকে ছুঁড়েছি,
ততই আমাদের মন থেকে যেন শরীরের দুরত্ব বেড়েছে,
মাথার ভেতর বাজছে নির্ঘুম রাতের তীব্র যন্ত্রণা
পরস্পর কোন কথা বা প্রত্যুত্তর যোগাযোগও না ।

আমার হৃদয়ের স্পন্দনে উপলব্ধি থাকে মাঝে মাঝে।
কত সংকেত পাই যেন ইঙ্গিতের ভাঁজে
আমার চার দেয়ালের সীমানার বাইরে,
ব্যক্তিগত জীবন চিত্র সব সংযোগ হারা,
জরাজীর্ণ পথ করে আমার পিছু তাড়া
দায়ভারে একাকী সামাজিক সম্পর্ক বেদনার ভার
দীনতার মাঝে ধুঁকে ধুঁকে
এ জীবন হয় ছারখার।

সমস্ত যান্ত্রিকতা হয় আমাতে ব্যর্থ
আমার অভ্যাস বা স্পৃহা ব্যর্থ হয়েছে
নেই কোন বিশেষ পরিবর্তন
একাকী আমার জীবন, নেই অবর্তন
মন মরা হয়ে আছি নেই কোন উপশম
ভুলে ভরা জীবনের নেই পরিবর্তন
যদি জুড়ে যেত বাবা বা সহযোগীর সে বাঁধন।

সমাজের যত দায়সারা নিয়ম কানুন শৃঙ্খল
দেয় আমার পথে বাধা,
আমি জাগাতে পারিনি আমার শৈল্পিক আত্মস্বত্তা,
বিপরীত শক্তি আছে যত চারপাশে
বিচ্ছিন্ন করে আমায় জীবনকে দারিদ্র্যর বাতাসে,
কাঠ চোরাকারবারীর পারাপারের মত নিত্যদিন

জীবিকার সন্ধান করছিল কুণ্ডলীর ন্যায়,
আঁকড়ে ধরে উর্ধ্বাকাশে,
একজন শিল্পীর জীবন আমার অন্তর্নিহিত
স্বপ্নকে জড়িয়ে ফেলে
পার্থিব বাধার বন্ধ বৃত্তে।

তারা "ধোয়াশার বিভ্রম"মিশিয়ে দিয়েছে

আমার অবরুদ্ধ স্বত্বার শিরায়,

যদিওআমার কখনো

"আবেগের দমকা ঢেউ"ছিল না

আমি আমার সকলগ্লানি গ্রাস করে বাঁচতে চাই।

এখন সর্বগ্রাসী স্বত্বায়, আমি এক হওয়ার সিদ্ধান্ত নিয়েছি
মাইগ্রেনের এই নক্ষত্রের সাথে, ট্যাবলেট,
সিরিঞ্জ, পিঠে ব্যথা এবং অনিদ্রা যে
চারপাশে আবির্ভূত ছিল এবং সর্বনাশ আনতে
যে বাস্তব প্রলয় আগে আমার জীবনে
অর্বাচিন দ্বারা হস্তক্ষেপে হয়েছে প্রভাবিত।

পুরানো কাঠের চেয়ারে বসে
ঝুলন্ত ফ্যানের দিকে তাকিয়ে,
আমি তার চারপাশে বউয়ের লাল "শাড়ি"তে বেঁধেছি
আমার সংযোগ বিচ্ছিন্ন ঘাড়,
আমি আমার হাসিখুশি মেয়ের প্রতিচ্ছবি দেখতে পেলাম
আলমিরার আয়নাতে
আমার মস্তিষ্কের তরঙ্গ নিচু হয়ে গেল,

জীবন উত্তাল সমুদ্রের হৃদয় জুড়ে সাঁতার কাটা আর
আমার শয়তান প্রবৃত্তি গভীরে নিমজ্জিত
বিরুদ্ধে মানুষের দুর্বলতার বিশালতা
উপকূলীয় পার্থিব আবেগ,
একটি অভ্যন্তরীণ জোয়ার
আমাকে অজান্তেই আঘাত করে।

এটি আমার জীবনকে আরো
একটি মাত্রা দিয়েছে - একটি কাপুরুষ!
কতটা রাগ হয়েছে বলে বোঝাতে পারব না
আমি মৃতদের মধ্যেও নিজের জায়গা
করে নিতে ব্যর্থ একজন স্বত্বা,
যে শক্তি আমাকে মেরে ফেলতে চেয়েছিল, সেই শক্তিই
আমাকে বলে গেল বেঁচে থাকতে হবে
এবং আমি সেটা বুঝতে পেরেছি।

কালো মেঘের ভিতর দিয়ে সূর্যকিরণ উঁকি দেয়,
নদীগুলির মৃত্যু থেকে একটি মহাসাগর উদিত হয়,
জীবন যাপনের দুটি উপায় আছে,
আমি যেন প্রকৃতস্থভাবে কঠিনটি অনুসরণ করতে জানি।

আমরা যেন মাঝামাঝি দাঁড়িয়ে আছি:
ভারসাম্যপূর্ণ শিল্পের প্রয়োজন

(আত্ম-কল্পনার বছরগুলো থেকে আমরা যা পেয়েছি)
আমার প্রিয়তমা স্ত্রীর কাছে লেখা একটি চিঠি প্রিয়তমা,
আমি যদি তোমাকে বলতে পারতাম বা আমার হৃদয়ের
অনুভূতিগুলো দেখাতে পারতাম, সেটাই হয়তো হতে

পারতো আমাদের জীবনের এক ভাঙ্গা-গড়ার সন্ধিক্ষণ। কিন্তু আমি এখন একটি মাধ্যম দিয়ে তোমার সঙ্গে যোগাযোগ করছি সেটা হলো মিডিয়া।

যদিও আমরা ২০০৩ সাল থেকে আমাদের দাম্পত্যজীবন অতিবাহিত করছি, তবুও এটি যেন আমাদের একটি ব্যর্থ বিবাহ কারণ আমরা একে অপরের আত্মার সঙ্গী নই, এমনকি কখনও কখনও আমরা শত্রু হিসেবে কাজ করি। যে তোমাকে ভালোবাসে না তাকে ভালোবাসা কি এতটাই সহজ? যদিও আমরা প্রতিজ্ঞা করেছিলাম যে আমরা সত্যিই একে অপরকে ভালোবাসব। কিন্তু এটি এক ধরনের "কিকব্যাক সম্পর্ক" যাকে প্রেম বলা যায় না বরং এটি একটি ব্যবসায়িক চুক্তি হতে পারে।

একটা জিনিস আমাকে অবাক করে যে, আমরা এখনও একসাথে আছি। যেহেতু তুমি শুনবে না, আমি গত তিন বছর ধরে যে কবিতা লিখেছিলাম তাতে আমি আমার জরাজীর্ণ আত্মার কষ্টকে চিত্রিত করেছি। আমি তাদের মধ্যে এমন কিছু লাইন ব্যবহার করেছি যাতে তুমি এটা অনুভব করতে পারবে যে আমি কতটা যন্ত্রনা সহ্য করেছি।

" আমি দেখতে চাই যে আবলুস কাষ্ঠের ন্যায় অহংকে পরিবর্তন করে

আমাকে আমার ধ্বংসাত্মক ভবিষ্যতে নিয়ে যাবে

মেঘের মধ্যে ফাঁটল আছে কিনা দেখতে"

আমি যখন তোমার প্রেমে পড়েছিলাম, আমি অনেকটাই কাঁচা এবং সাদাসিধা ছিলাম এবং তুমি যখন আমার প্রতি

কিছু আগ্রহ দেখিয়েছিলে তখন আমি উত্তেজিত হয়েছিলাম। আমি যখন একজন মানুষকে পছন্দ করতে শুরু করি তখন আমি কিভাবে জানব যে সে একদিন আমার জীবনের জন্য শত্রু হয়ে উঠবে? সময়ের সাথে সাথে পরিস্থিতি এমন হয়ে উঠেছে যা আমাকে মানসিক এবং শারীরিকভাবে দুর্বল করে তুলেছে।

যখন তোমার দাঁড়-কাকের ন্যায় উজ্জ্বল চুলে ছায়া ঝিলিমিলি করে,

আমি তোমার কোলে বিশ্রাম নিয়েছি, এমন ভাবে যেন রাত আসে, দিন ম্লান হয়ে যায় তোমার বিস্ময়কর, ঝলমলে চোখ আমাকে মুগ্ধ করে রাখে। তারা ,আকাশ, সমুদ্র যতদিন রবে ততদিন পর্যন্ত আমরা একে-অপরকে ভালবাসবো।

আমরা কি এতটাই দুর্বল যে আমরা অন্য সমস্ত পথকে অনুসরণ করতে পারছি না। কিংবা হয়তো আমরা একদিন এই সকল বিষয়গুলোকে সমাধান করার জন্য অতিরিক্ত আশাবাদী ছিলাম? যেহেতু আমরা একটি ছোট সমাজে বাস করি এবং আমরা সকলেই ঐতিহ্যের দ্বারা আবদ্ধ । সমাজের ভয়ে কিছু হতে পারে ভেবেই আমরা ক্রমাগত কষ্ট পাচ্ছি কিন্তু একদিন সবকিছু ঠিক হয়ে যাবে এই আশায় আমাদের বিচ্ছেদে দ্বিধাবোধ কাজ করে।

কিন্তু এই গরমিল আমাদের দুই সন্তানকে ভুলভাবে প্রভাবিত করেছে। পরিস্থিতি আমার থেকে তরান্বিত হয়েছে এবং আমি যেন প্রতি মিনিটে এক নরক-যন্ত্রণার ভিতর দিয়ে যাচ্ছি। যখন আমি মন খারাপ করি, যেমনটি প্রতিদিন হয়, আমি তাদের সাথে যোগাযোগ করি না এবং খেলি না। আমি তাদের

জন্য একটি খারাপ বাবাতে পরিণত হয়েছি. কখনও কখনও, এমনকি আমি সামান্য ত্রুটির জন্য তাদের চড় থাপ্পড় মেরেছি । তারা আমার কাছ থেকে দূরে সরে যাচ্ছে । এই নিষ্পাপ আত্মাদের নিজেদের কোন দোষ নেই তবুও কেন কষ্ট পেতে হবে?

"মৃত্যুর বাইরেও কি জীবন আছে?

আকাশ জুড়ে কি পথ আছে?

আমরা স্বেচ্ছাচারী পাপী,

তবে ক্ষমা করি সুন্দর দৃষ্টিতে"

এই চিঠির মাধ্যমে আমি বলতে চাই, ভালোবাসা ধৈর্যশীল, ভালোবাসা দয়ালু। এটি হিংসা করে না, এটি গর্ব করে না, এটি অহংকার করে না। এটি সর্বদা রক্ষা করে, সর্বদা বিশ্বাস করে এবং সর্বদা অধ্যাবসায়ী করে। প্রেম আত্ম-সন্ধানী নয়, আত্ম-সন্ধানের বিপরীত । আমরা যদি একাকীত্বের অভ্যাসের মধ্যে পড়ে যাই তবে এটি আমাদের জীবনের বিষ-বৈশিষ্ট্য হয়ে উঠবে।

আমি একটি মহাসাগর এঁকেছিলাম
তবে ভুলে গিয়ে ছিলাম সেই তীর
কোন তরণী ছিলনা সেখানে
ছিল এক চাহনি, যেন সে চাহনি আপন অধীর,
ছিল এক অনন্তের পথে পালতোলা যাত্রা
ধাক্কায় ধাক্কায় সমুদ্রে ছিল অসম ঢেউয়ের মাত্রা

তোমার বিরক্তির একটাই কারণ, আমার অনিয়মিত চাকরি। আমি এইখানে নিজেকে সম্পূর্ণ ব্যর্থ প্রমাণ করেছি। একজন অস্থায়ী শিক্ষক হিসেবে আমি আমার আর্থিক দায়িত্ব ভালোভাবে পরিচালনা করতে পারিনি। বিনিয়োগে ভুল এবং অন্যান্য দায় শোধ করেনি। এটি পরিস্থিতি আরও খারাপ করেছে। এখন আমি ঋণে ছুটছি। আমাকে তাদের সুদ দিতে হবে। রাতে ঘুমাতে পারিনি। আমার এখন মাইগ্রেনের সমস্যাও তৈরী হয়েছে।

সমস্যার অন্য অংশটি হল আমি সবসময় একজন লেখক বা চিত্রশিল্পী হতে চেয়েছিলাম। কিন্তু একজন সফল লেখক হওয়ার জন্য সময় আর সবচেয়ে গুরুত্বপূর্ণ, আধুনিক সোশ্যাল মিডিয়া এবং অন্যান্য প্রকাশনা কৌশল ব্যবহার করে নিজেকে বিখ্যাত করতে এবং প্রকাশনা ভ্রাতৃত্বে কিছু বন্ধু তৈরি করার জন্য অর্থের প্রয়োজন কারণ এটি একটি বিষয়ভিত্তিক ক্ষেত্র।

আমি লেখালেখি করে অর্থ উপার্জন করতে চাই, তবে এটি আমার জন্য খুব একটা সহজ ব্যাপার নয়। আমি ১৯৯৪ সাল থেকে আমার লেখাগুলো প্রকাশ করতে শুরু করি কিন্তু শৈশবকাল থেকে একটি অস্থির জীবনযাপনের কারণে একবার মাত্র লিখতে পেরেছি। এইরূপ পরিস্থিতির জন্য কখনও কখনও নিবন্ধ গুলির মধ্যে ৭ বছরের ব্যবধানও ছিল।

''কোন প্রাণবন্ততা নেই

প্রাণশক্তি যেন পরজীবী

আমি কিভাবে এ জীবনে নিঃশ্বাস নেব?

আমার দিন-রাত সব যেন মিলেমিশে একাকার হয়ে গেছে''

এখন পরিস্থিতি এমন যে আমি বাড়ি ফিরতে ভয় পাই, যেন সামনের দরজার আড়ালে আমার জন্য কালো রাত অপেক্ষা করছে। আমার অনুভূতিগুলোরও যেন কথা বলার চিন্তা আছে, কিন্তু আমার মনের পিছনে, আমি জানি যে, তুমি হয়তো মনোযোগ দিয়ে শুনবে না বা পুরোপুরি আমাকে বুঝতেও পারবে না।

এইরূপ অনুভূতি যেন সত্তার ভিতরে শুধু জ্বলন্ত আগ্নেয়গিরির ন্যায়, আমাকে বিরক্ত করে তোলে। তোমার গলার স্বর, সদাচারণ যেন একরকমের আক্রমনাত্মক বলে মনে হচ্ছে। সে অনুভূতিগুলো যেন দিনরাত আমাকে কোনো না কোনো ব্যঙ্গ বা উপহাস করে ঠাট্টা করে। মাঝে মাঝে আমরা কথা বলি না। আমি আমার অভ্যন্তরীণ আত্মার সাথে ক্রমাগত দ্বন্দ্বে লিপ্ত হয়ে পরছি, কিন্তু এরূপ ধ্বংসাত্মক পরিস্থিতির জন্য আমি বাহ্যিক সবকিছুকে দায়ী করি।

"প্রতি রাতে আমি শহরের অলি-গলি ঘুরে বেড়াই
স্বদেশী কিছু প্রশান্ত আনন্দ কিনতে,
মানুষের অন্ধকার ভৌতিক রহস্য
জীবন আমাকে পালাতে প্ররোচিত করে
সংগ্রাম ও কলহের দিন থেকে,
আমি সেই বিস্মৃতির দেশে যেতে ব্যাকুল,
কোন এক অজানা অঞ্চলে"

তুমি যেমন জানো না আমার অসুখী শৈশব আমাকে এত প্রতিক্রিয়াশীল করে তুলেছে। আমার অতীত জানার কি

তোমার ইচ্ছা ও সময় আছে? এই দৃশ্যপট তোমাকে আমার দুর্বলতা বুঝতে সাহায্য করবে।

বিষয়টি সমাধান করার জন্য আমাদের একটি প্রক্রিয়াকে অনুসরণ করতে হবে এবং এটি আমাদের বিবাহের বহু বছরের অপূর্ণতা থেকে রক্ষা করবে। যে কেউ অসফল বিবাহ করতে পারে, কিন্তু কিছু ভাল বা খারাপ কারণের ক্ষেত্রে একটি ভাল মানের সমঝোতা প্রয়োজন।

"কেন আমার মস্তিষ্ক, সর্বগ্রাসী গহ্বর?
এটা কি একটি মহাবিশ্ব হতে পারে না
একটি মাইগ্রেনের, একটি নক্ষত্রের, ট্যাবলেট,
সিরিঞ্জ, পিঠে ব্যথা আর নিদ্রুমতা?

যখন আমরা একই বিছানায় বা একই ঘরে ঘুমাই না তখন কীভাবে আমরা নিজেদেরকে বিবাহিত দম্পতি বলতে পারি? আমি তোমার সাথে বসতে চাই, তোমার কাছে আমার হৃদয় ঢেলে দিতে চাই, তোমাকে ভালবাসতে চাই, কোনো রেস্তোরাঁয় তোমার সাথে একটি নৈশভোজ উপভোগ করতে কিংবা তোমার সাথে কোন একদিন ভ্রমনে যেতে চাই।

কিন্তু এসবই স্বপ্নে পরিণত হয়েছে; আসলে, যখন আমি অন্যান্য সুখী বিবাহিত দম্পতিদের দেখি, প্রতিনিয়তই না, আমি যন্ত্রণা অনুভব করি। আমি একটি পার্টিতেও যোগদান করিনি বা দীর্ঘদিন ধরে বন্ধুর সাথে দেখা করিনি। আমি খুব কমই বাজারে যাই। আমি সামাজিকীকরণ করি না। তুমি যেভাবে দেখতে চেয়েছো এবং আমাকে অনেকবার বলেছো, আমি ঠিকমতো পোশাকও পরি না।

"আমার মানসিকতার তারে আনে
জরাজীর্ণ পথের ছবি,
পরে শর্ট সার্কিট হয়
প্রতিদিনের বোঝার পথে,
আমার রোগাক্রান্ত শরীর তার সাথে কাঁপছে
ওজন হিসাবে এটি জীবন শক্তির জোঁক"

একজন মানুষ যখন দুঃখী হয়, তখন পৃথিবী তার কাছে কিছুই মনে হয় না। তিনি কার মনের ইচ্ছেপূরণের জন্য পোশাক পরবে? তোমার কি আমার জন্য একটুও ভালো লাগছে না? দিনের বেলা, আমি সচেতনভাবে ব্যস্ত থাকি কারণ আমি তোমার থেকে দূরত্ব বজায় রাখার চেষ্টা করি। কিন্তু এটাও আমার চোখ ও পিঠের উপর নেতিবাচক প্রভাব ফেলছে কারণ আমি একটানা ১০ থেকে ১২ ঘন্টা কম্পিউটারে বসে থাকি।

অন্যদিকে, তুমি যখন ফ্রি থাকতে, তখন তুমি আমার সাথে কথা বলতে, আলোচনা করতে বা বিনোদন দেওয়ার কথা ভাবতে, কিন্তু আমরা একে অপরের থেকে এতটাই বিচ্ছিন্ন যে কারোরই প্রথমে এগিয়ে যাওয়ার সাহস বা নম্রতা নেই।

"আমি আমার সঙ্গে পুনর্মিলন হবে
টর্পেডো স্বপ্ন,
স্প্যাসমোডিক হার্ট,
ঘন ঘন রাত,
অস্থির দিন,
বিবর্ণ শরীর
এবং বিরক্ত আত্মা"

আমি নতুন করে শুরু করতে চাই। আমাদের নিজেদের সম্পর্কটাকে আবারও স্বাভাবিক করে তুলতে হবে। আমাদের অহংকার ত্যাগ করতে হবে। অনেক সময় আমি সহজ কিছু নিশ্চিতকরণ করার জন্য মনে করি, যখন আমি বাড়িতে যাব, আমি আমার সন্তান এবং স্ত্রীকে দেখতে পাব বা আমরা একসাথে ভাল সময় কাটাবো। কিন্তু তা হয় না। আমার আজ তোমার সাহায্যের প্রয়োজন।

প্রতিদিন সকালে আমাদের কিছু কাজের জন্য একে অপরকে ধন্যবাদ বা প্রশংসা করার মাধ্যমে একটি সুখময় দিন অতিবাহিত করা উচিত। এভাবে নিজের ভিতরে তুমি একটি শক্তি প্রবাহিত হচ্ছে এমনটা অনুভব করবে। এটা বলা বাইবেলের মত, যে আপনার বিরুদ্ধে কোন অস্ত্র সফল হবে না, কিন্তু এটা বিশ্বাস করা উচিত- একজন মানুষ প্রতিনিয়তই আর একজন মানুষ এর কাছ থেকে কিছু কেড়ে নিতে এসেছে।

"যখন বিশ্বাস উজ্জ্বল হয়, তখন সন্দেহ দীপ্তি হারায়,
যখন জ্ঞান বৃদ্ধি পায়, চোখের জল সংকুচিত হয়;
প্রতিটি ডাল ফুলের জন্য অপেক্ষা করে,
আশা আপনাকে দ্বিতীয় বসন্তের সুযোগ দেয়"

তুমি তোমার দৃষ্টিভঙ্গী চিহ্নিত করতে পারো, কিন্তু অবশ্যই সেই সুরটি সহযোগিতামূলক হওয়া উচিত। তাই পার্থক্য গ্রহণ করুন এবং তাদের সুযোগ তৈরি করুন।

"খ্রীষ্টের দেহের বিভিন্ন অংশ রয়েছে
তাই, ঐক্যবদ্ধ হতে আসুন"

সহজ সমাধান হল আমার চোখের দিকে তাকিয়ে শুধু এইটুকু বলো যে, "তুমি আমার শত্রু নও। আমি আত্মকেন্দ্রিক কিন্তু এখন এবং পরে আমি এমন আচরণ করার চেষ্টা করবো। কিছু সামান্য অঙ্গভঙ্গী, স্পর্শ, এবং উপহার বা একটি-দুটি চুড়ুইভাতি হতে পারে, একটি সিনেমা কিংবা একটি শপিংমলে সময় ভাল কাটতে

আমার উঠানে একটি গাছ

আমার উঠানে একটি ক্ষণস্থায়ী গাছ
ঐ একমাত্র ঐতিহ্য, চারণকবির গুণ, আমি পেয়েছি।
সুগভীর পুষ্পসহ উজ্জ্বল পাতায়
করে যেমন মিষ্টি আবরন দান, আমার
তেমনই কিছু ভবঘুরে অবসর।

আমি থেকে থেকে ভয়ঙ্কর কিচির মিচির শুনি
কৌতুকপূর্ণ চড়ুইদের বাসা হতে।
প্রতি রোদের এককটি শিহরণ আমাকে চুপি চুপি করে বলে
শুকনো পাতা যেমন মিষ্টি শরবতের মতো ঢেকে যায়।

আমি ব্যক্তিত্ব সদৃশ নীচে দাঁড়িয়ে
এক ভোরের হাওয়া ঝাড়ু দেয় পানের যজ্ঞের মতো।
আমার স্ত্রী কাঁপা কাঁপা হাতে জ্বালানী একটি প্রদীপ জ্বালান
সে পা ছুঁয়ে নেয় কিছু রুদ্ধ আশীর্বাদ।

যখনই হতাশ হই, আমি তাকে খুঁজে পাই আমার সঙ্গী
তার প্রশান্ত কণ্ঠ তবে হাস্যাদ্দীপ্ত ভঙ্গী
সারা বিকাল এটি সন্ন্যাসীর মতো করে ধ্যান
আমি অবশ্যই দিই স্বীকারোক্তি তাতে
আমার বড় ভাইয়ের জ্ঞান।

বয়ঃসন্ধির কালে কিশোরীর আলো-ছায়ার খেল
যেমনভাবে নিহিত থাকে মিষ্টি পাকা ফল
আমার অন্ধকার বিছানা তার উঠানে
আমি তার প্রিয়তম পাহারাদার এর মতো ঘুমাই।

কোন সুযোগ নেই সেখানে আমার
নেই অধিকার আমার সেই অনিশ্চয়তার

সমুদ্রের দৃশ্যপট

আমার ভালবাসা, আমার সাথে এসো, তাতে আমার স্বপ্ন স্বাদ
আমরা সমুদ্রের ওপারে বাঁধব আমাদের সংসার ঘর
তৈরি করব আকাশের তারার মাঝে এক বিশাল প্রাসাদ
পার্থিব কলহ ও যুদ্ধ থেকে রবে দূর পারাবার ।

দেখ রংধনু, দেখ সাদা নদী
লবনাক্ত পাহাড়, লাল গোলাপ, বাদামী চড়ুই।
উজ্জ্বল ঝকমকে কীট, সোনার ঈগল, কালো মৌমাছি
হলুদ সূর্যমুখী, স্কারলেট ম্যাকাও পাখি, আর সবুজ গাছ।

সকাল বৃষ্টিতে ভিজে, রাত শিশিরে ঝলমল করে
বিলাসী করার জন্য ফুলের মত
গুচ্ছ দুপুর, পাখিদের সন্ধ্যায় ঘরে ফেরার দৃশ্য।
শীতের উষ্ণ সূর্যের রোদে, আর চাঁদনী শীতল রাতে
আমি তোমার করুণার প্রশংসা করি,
তোমার ছোঁয়া আমার ভীতি দূর করে।

যখন তোমার ভ্রমর-কালো চুলে ঝিলিমিলি করে ছায়া

তখন তোমার কোলে বিশ্রাম নিই,

রাত আসে দিন ম্লান হয়ে যায়।

তোমার বিস্ময়কর,

ঝলমলে দু'চোখ আমাকে প্রশান্তি দেয়

তারা, আকাশ এবং সমুদ্র শেষ

না হওয়া পর্যন্ত আমরা ভালবাসবো।

সে ছন্দের তালে হাঁটে

আমার উদগ্রীব চোখ যখন তোমাকে দেখল,
শিরায় শিরায় রোমাঞ্চ পেলাম।
ব্যাথিত হৃদয়ের স্পন্দন ওঠানামার মতো
গ্রীষ্মের উজ্জ্বল সোনালী সূর্যের দিনের মতো।
সে আসে সকালের সতেজ হাওয়া হয়ে,
মনে হয় একটি জীবন্ত বাগান চিরদিনের ফুলে ছেয়ে আছে।

নিজের গৌরবের অর্ধেক লাজুক,
ফর্সা থেকে ফর্সা, এমন এক দীপ্তি যা কখনো ম্লান হয় না,
তার আলো আঁধারে ঘেরা ভবিষ্যৎ
তার ঠোঁট প্রবাল লাল আর
তার গাল যেন লাল সাদা গোলাপ,
তার উঁচু স্তনের মাঝের খাঁজ আর গভীরতা
তার একটি হাসি হাজার রাজ্য জয় করে।

তার বিমোহিত করা চিত্ত
দীর্ঘশ্বাসে তোমার যৌবন করতে পারে নষ্ট।
তার বাতাসে ওড়া চুলে মাকড়সার মত রুপালী রেখা দুলছে,
মৃদু কণ্ঠ পুরানো অপেরার সুরের মতো বিবর্ণ হয়ে যায়,
তার আত্মার সুগন্ধি তোমার প্রাণশক্তিতে অনুভব করি
ফাঁকা ছন্দের পথে সে হেঁটে যায় ছড়ায়,
হাজার নামহীন করুণা ছলে।

যখন সে শরতের আভা নিয়ে নাচে
কিছু নরম আবেশ আসে চুপিসারে

আমাদের আত্মার কাঁপুনিতে,
সে দুলতে থাকে জমিন ঘেঁষে আর আকাশের বুকে
কারণ সে একজন দেবতা, অবতার,
দেখতে পারি আমি শুধু আমার উপলব্ধির চোখে

আমাদের আত্মার কাঁপুনিতে,
সে দুলতে থাকে জমিন ঘেঁষে আর আকাশের বুকে
কারণ সে একজন দেবতা, অবতার,
দেখতে পারি আমি শুধু আমার উপলব্ধির চোখে

একটি অলীক গল্প

একজন অপরিচিত মেয়ে বাধা দিল
সেই কোন এক দিন আমার পথে,
কস্তুরী হরিণির মত লাফিয়ে উঠেছিল,
কালো মেঘের ভিতর থেকে বেরিয়ে এল একটা চাঁদ

মুখমণ্ডল, অর্ধেক চুলের কাল বেনুনীতে যেমন ঢাকা
তেমনি দিনের পরে চালু হয় রাত,
তার শৈলী এবং করুণা স্বর্গীয় ছিল,
আমি আমার তাৎক্ষণিক প্রস্তাবের
জন্য অনুরোধ করলাম,
সে স্তব্ধ হয়ে গেল, অদৃশ্য হয়ে গেল
পানিতে থাকা বুদবুদের মতো।

এই হঠাৎ আড্ডা আয়োজন
জীবনের জন্য একটি উপাখ্যান,
আমি তার পথ অতিক্রম করতে পারি না
এই পার্থিব সাগরে,
কিন্তু ভ্রাম্যমান গায়ক-কবিরা অনুপ্রাণিত হবে
এখন থেকে বুদ্ধিজীবীর মত সাথী হয়ে উঠছেন।

একটি রংধনু স্মৃতি

যখন আমার অন্তঃসারশূণ্যতা প্রকাশিত হয়
হৃদয়ের ঝাঁঝরিতে থাকে ধিকি ধিকি ব্যাথা,
একটি ছোট কয়লার আগুন ক্রমাগত জ্বলছে।
জমাট বাধা কালো স্মৃতি অতীতের সব রং করে দেয় ম্লান,
তা এক রংধনু স্মৃতির ঝলক,
আমি আমাদের মাড়ানো ফুটপাথের উপর হাঁটার পথে
আমি বাড়ির মধ্যে সমুদ্রের তুফানের মত পরিবেশ দেখেছি।

উজ্জ্বল লাল নৌকার মতো তোমার লাল পোশাক
সোনালী বালিতে ডুবে যায়,
আমি নীল মাছ ধরার জাল ধরি,
সেই বাদামী দুর্গের দেয়াল রাঙাই
সবুজ লাইকেনের মত শৈবাল সৈকতে।

আমার আত্মা কথা বলে, আমার ঠোঁট নড়ে
এক আয়োজনের তরঙ্গ আর এক আলিঙ্গনের ঢেউ,
আমি এই মুহূর্তগুলি বন্দী করার জাল হিসাবে
রাস্তার শিশুদের ছোট থাবার মত
রংধনুকে সেই মুহূর্তের উপলব্ধিতে আঁকড়ে ধরি

আমার মা

সে আমার জন্য ছেড়ে গেছে সুদূর পথের যাত্রা
নিত্য দিনের যাত্রা আমার সময় হাতে শূন্য
সময়ের কাছে সব নগণ্য কখনো সে থামে না
মা কোথায় আমার যে নেই জানা
গত রাতে ঘুমঘোরে তার মমতার আলতো স্পর্শ বোধ
মনে হয়েছিল যেন এঁকে দিয়েছিল একটা চুমু তার ঠোঁট।

মা আমাকে দেখতে চেয়েছিলেন হই আমি সবার সেরা,
তিনি তার কোলের শিশুর ব্যাপারে বলেছিলেন কথা
চেয়েছিলেন তার সুস্থতা,
মা কিভাবে ভাই-বোনদের সাথে খেলতেন আরও কত কথা,
আমার ফিরে আসা হতো তার বাঁচার আশা।

আমি বিস্মিত হই মানুষ কেন খুঁজে ধরার মাত্র একটা হাত
কেন কোন নির্ভরতা মুক্তির পথ খুঁজি না?
এজন্যই কি আমরা যুক্তিবাদী?
এতটাই সাধারণ ছিল সেখানে ছিলাম না,
জানি তার সাথে আমার দেখা করা উচিত তবে
অতীতের স্মৃতি আমাকে থামিয়ে দেয়
বাধা যত সাক্ষাতে তার সাথে পূণ্যভূমিতেই।

আমার বাবা

বাবা কখনো মায়ের কাজগুলো করেননি
তার বাচ্চাদের কোলে নিয়ে কথা বলা
অথবা খুনসুঁটি করে খেলা করা।
পুরুষালি দেখাতে ভাংচুর করেছে বটে
দরজায় আঘাত বা ছুড়ে ফেলা কিছু আয়না,
অথবা তার মাথা ঠোকা দেয়ালে,
বাচ্চাদের গালমন্দ করা বা চড়-থাপ্পড় দেয়া
সবাই তখন অসহায়ত্বের বেড়াজালে
আটকে পড়া দারিদ্র্য আর উত্তেজনায় অতৃপ্তময় বাসনায়।

তার নৈতিকতা আর ধর্মপরায়ণতা ছিল আমাদের দীক্ষা
অন্ধবিশ্বাসে ছিল তার নিষ্ঠা।
সামাজিকতা চর্চাহীনতায় আমি ছিলাম নাস্তিক প্রায়।
আমাদের কে কদর করা শিখিয়ে ছিলেন
তার কাছে ঘেষতে না দেয়ার মাঝে।

আমরা তাকে কবিতা লিখতে দেখেছি
তবে আমরা তার জগতের অংশ ছিলাম না,
তার কাজে তিনি বিখ্যাত হবেন হয়তো
তবু তার কোন লেখা করিনিতো পাঠ
আমরা মানিয়েছি নিজেদের বন্ধ-চৌকাঠ।

বেসরকারি স্কুল-শিক্ষক হিসেবে তিনি
করেছেন বহুবার স্কুল পরিবর্তন
তার সরলতা প্রশাসকদের দ্বারা অপছন্দ এবং
সততার জোরে ছিল তার যে কোনো অনুষ্ঠানে আসন
হোক সেটা সামাজিক সমাবেশ বা ফাংশন।

তিনি আমাদের কখনো শেখাননি ইতিহাস বা ভূগোল
বদ্ধ পারিবারিক বৃত্তে আবদ্ধ থেকে
ভাইবোনদের থেকে গাফেল,
আমাদের সম্প্রদায় সম্পর্কে অজ্ঞ,
আমরা এখন আমাদের নিজস্ব গন্ডিতে বন্দী।

আমি আমার বাবার সাথে থাকতে, কথা বলতে,
শিখতে চাই এবং তার সেবা করা কিন্তু তবুও
আমার বন্ধনের অভাব আছে,
কতদিন যে আমি দেখিনা তাকে কাছে
তার প্রতি টান-অনুভূতি-ব্যথা নাই।

সে তার সময় গুনছে,
আছে উত্তরাধিকার তার কিছু প্রকাশিত বই
আর অপ্রকাশিত
বাক্সবন্দীর মতো সে শুয়ে থাকে,
আমাদের মধ্যে দীর্ঘ ব্যবধান আমাকে থামিয়ে দেয়
দু'পা ফেলতে যেন
এক দীর্ঘ যাত্রা মনে হয়।

প্রতিপালন আর ভাগ্য আমাদের জীবন গঠন করে,
আমার বাবা তার দুর্ভাগ্যের সন্তান
আর আমি সন্তান আমার বাবার।

আমার বোন

যখন সেই নিষ্পাপ শৈশবের বছর থেকে
আমরা একসাথে আমাদের দুঃখ ভাগাভাগি করেছি,
মনে আছে আমি তোমার সাথে গভীরভাবে অবদ্ধ ছিলাম
আমাদের মায়ের চেয়েও বেশি ছিল মমতা।

যখন আমাদের আলাদা হতে হয়েছিল,
তুমি তোমার বাড়িতে গিয়েছিলে,
তবুও আমি যৌতুকের মত তোমার সাথে ছিলাম,
তোমার সাথে আমার কেটেছে শৈশব
আমার ছিল ভ্রাতৃপ্রেম
রোদ - বৃষ্টি সবসময়ের মত ছিলাম তোমার সেবায়।

তুমি সবসময় আমাকে আগে ভাবতে,
তুমি সবসময় আমাকে দিয়েছ সায়,
চিনেছিলে আমার গভীর স্বত্ত্বা,
যদিওবা এখনও অনেক কিছু, আমি লুকাই।

একটা সময় এল যখন বজ্রপাত হলো,
বেছে নিয়েছি আমরা নিজেদের মত পথ কিন্তু
যদি তুমি আমাকে আমার দোষ বলতে
সেটা হতো আমার জন্য আশীর্বাদ ।

সেই রাখীবন্ধনের দিনে যখন তুমি সাক্ষাতে ব্যর্থ হলে,
তাতে প্রতীয়মান ছিল আমাদের বাঁধন কতটা মধুর
দীর্ঘজীবনের দৌড়ে টিকে থাকার লড়াই।
আমি ভাবছি সম্ভবতঃ আমাদের
মমত্ব ছিল যেন একটা বুদবুদ

মুহূর্তটি আমাদের আরও ভাল হতে পারতো

তবুও তুমি জানো আমি কি আমার চাওয়া,
সব ভুল বোঝাবুঝি আর ছেলে-মানুষী মারামারি
দুঃখ দিয়েছে আমাদের যা ছিল বেড়ে ওঠার অংশ
তুমি আমাকে শিখিয়েছ জীবন-বোধ,
ভাল, খারাপ এবং সংগ্রামের অর্থ।
আমি জাগতিক ব্যাপারে ছিলাম অজ্ঞ,
যাতে এক অপূর্ণ আত্মার আক্ষেপ
তুমি নীরব -নরম ছিলে
অনেক পারিবারিক সম্পর্কে
তাই আমার ভালবাসার মর্ম
মূল্যহীন এই দুনিয়াবী স্বার্থে।

হাসপাতাল পরিদর্শন

সত্যের আদর্শ ধারক হাসপাতাল এই
যেখানে মৃত্যুর কোন মিথ্যে জীবনের আভা নেই-
মর্ম বেদনা, নিদারুণ যন্ত্রণা কিন্তু অপ্রাপ্তিময় প্রত্যাশা ।

হগ নামের একটি ছায়াপথ দেখতে পারেন
যা একটি ছায়াপথের মধ্যে আরেকটি ছায়াপথের
ফিনিক্সের মতো, এক এক জন রোগী,
যেন ছাই থেকে জন্ম নিয়ে নতুন জীবন লাভ করে
কিন্তু অন্য একটি দৃশ্যপটের মৃত্যু হয়
শিখা এবং জ্বলন ব্যাধির মাঝে।

এর সাদা দেয়ালগুলো নির্জন হয়ে গেছে
এর আসল পাথুরে-সুগন্ধি অংশ,
নতুন পদক্ষেপের সুবাস গ্রহণ করতে
ওষুধ, সিরাপ, ডেটল বা অ্যান্টিসেপটিক
সঙ্গে কিছু গন্ধহীন হাড় আর মাংস।

এটি অস্ত্রোপচারের যাত্রি লোক, প্রফুল্ল সবুজ,
ভয় এবং আশা নিয়ে
স্বপ্ন আকারে সামান্য যোগ করে
প্রতিটি ঔষধের প্রেম প্রেসক্রিপশনের জন্য।
যেই অসুস্থ সত্য আবছা নীল
তাই আপনি সাহসী হতে পারেন না
ধৈর্যের সাথে এই রোগীদের
কষ্টসহিষ্ণু ব্যক্তির মত হতে,
যেমন মানুষ তার কষ্টের চেয়ে বড়,
আপনি একজন মহান দার্শনিক হবেন,

একবার আপনি এই স্তম্ভিত বিল্ডিং থেকে বেরিয়ে আসেন।

একজন আত্মা রোগীদের সাথে দেখা করতে আসে,
একটা হাত ধরলে মনে হয় তোমার ঘরের চাবি হাতে,
কিন্তু এখানে কোন হৃদয় প্রেমের দ্বারা অতিক্রম করে না,
আপনি তাদের আলিঙ্গন যখন তাদের পাঁজর তৈরি
আপনার মাংসল পেটের জন্য একটি স্থান
যেমন আপনি টাইটানিক এর ঝরণা করেন অনুভব
তাদের হৃদয় ধীরে ধীরে দিচ্ছে ডুব।

কোন আয়না বা আত্ম প্রতিফলন এড়িয়ে চলুন,
আপনি সাধারণতঃ জিনিস দেখতে পাবেন না
দেখুন কিন্তু আপনার শুদ্ধ আত্মা উঁকি দেবে
সূর্যের আলোর মতো শরীরের কাপড়
একটি বাধা জানালা দিয়ে বেরিয়ে আসছে।

নিজেকে ছোট হিসাবে ভারসাম্য করা কঠিন
শরীরের ওজনের চেয়ে ভিতরের বোঝা বেশি হবে,
আসুন এই অনিদ্রার বিছানার প্রশংসা করি,
আসুন আমরা ভক্তদের প্রশংসা করি যারা মানিয়ে নেয় না,
ঘরে পরিসেবার প্রশংসা করুন যা বিদ্যমান নেই,
আসুন আমরা হাসপাতালের কর্মীদের প্রশংসা করি
তারা ডানাবিহীন ফেরেশতা।

আনন্দের নকল মুখোশের আড়ালে
তারা মেয়াদোত্তীর্ণ ফুসফুস এবং ক্লান্ত হৃদয় খুঁজে পায়
প্রতিদিন তাদের পথে শুয়ে, তারা তাদের জীবন নিয়ে জুয়া
খেলে এই খেলায় ভাইরাস এবং অসুস্থতা নিয়ে,
নিষ্ক্রিয় দলগুলির জন্যও মৃত্যুকে উৎসাহিত করে।

করোনা-ভোরোনার দিনগুলি

মানবতা করোনার গতিতে ডুবে আছে,
আমি সমুদ্রের ইঁদুরের মতো আমার
গোপন গর্তে ফিরে এসেছি,
প্রতিদিন সকালে একটি অ্যালার্ম,
তবে উপেক্ষা করার জন্য বিছানায় শুয়ে থাকেন,
মিনিট কি ঘন্টা মনে হয়,
সপ্তাহ-সপ্তাহ শীতনিদ্রার মতো কাটে,
আমি কি একটি নিঃসঙ্গ ভাল্লুক?

ঘরকাতুরে আমার বাড়িতে
কোভিড-১৯ হীন গৃহবন্দী রাখা,
মূর্খের অনুভুতি আমাকে করছে তাড়া
অথবা আমি জম্বিদের দ্বারা কোণঠাসা হয়ে পড়েছি,
আমি বিপদ চিহ্নিত জগতের সবুজ ঘর থেকে কাজ করি।

সামাজিকীকরণের জন্য লগ ইন করুন,
দূরবর্তী ভয়েস চালু করুন,
আমার শরীরের রোবটগুলি বারবার খায়, ঘুমায় এবং খায়।
আমি যদি ১২ টায় নাস্তা করি তবে কি সকালের নাস্তা হয়?
আমি যদি রাতের খাবারে চা
বিস্কিট খাই তবে কি রাতের খাবার হয়?

আমি দিগন্তের পানে চেয়ে চেয়ে চোখ বুলিয়ে নিই
যেন একাগ্রতা আমাকে সেখানে নিয়ে যাবে,
আমি কি সেই ফুলের মধ্যে একটি প্রজাপতির জমি দেখেছি?
যখন খালি রাস্তায় মাংস খেকো পাখিরা উড়ছে,
তারা কি জানে আমাদের কি হচ্ছে?

আমি কি আগের চেয়ে বেশি লক্ষ্য করছি?

ফুসফুস পরিস্কার অনুভব করায়, পাখিরা এখন সমতল,
আমরা বাড়ির বাইরে অবস্থান করি
বাগান আর আশেপাশে আবার ফিরে যাই,
যা আমাদের সকলকে নির্জনবাসী বানিয়েছে।
আকাশ এখন নীল, নাকি শুধু আমি?
এখন বুঝি কম মানে বেশি।

যানজট এবং মানুষের নিরলস হাঁপানি
এখন ম্যারাথন সচেতন শ্বাস,
আমরা অন্যদের স্বাস্থ্য সচেতন করতে কেনাকাটা করি,
ফেস মাস্কসহ পকেটে স্যানিটাইজার রাখি,
হাঁচি এখন মনোযোগ আকর্ষণের একটি উপায়,
করোনা যোদ্ধারা সামনের সারিতে
তবে কিছু লোক এখনও দোষারোপ করে আর কাঁদে।

এই জিনিসটি নন-ফিকশন- স্বাস্থ্য বনাম অর্থনীতি,
এমনকি কল্পকাহিনী অন্ধকার, কিন্তু এখনও সঙ্গীত আছে,
কোভিড-১৯ একটি নানা-মুখী প্রতিকূলতায়
জেগে উঠেছে শত শত নতুন পন্থায় করছে সূচনা
যেমন সস্তা শ্রমে সস্তা আলতো সেলাইয়ে কেনা।

আমি ভাবছি কেন আমি অনুশোচনা করছি
নিজে কষ্ট না পেয়ে আমি যখন অন্যদের দেখি,
তখন আমি আমার এক কাপড়ে
পায়জামায় অভ্যস্ত হয়ে যাচ্ছি।

আমার শহর

আমার শহর উপভোগ করে একটি ছিন্নভিন্ন মুখ
শপিংমল- আকাশচুম্বী ভবনগুলি
তার গুরুত্বপূর্ণ অঙ্গগুলিকে সংযুক্ত করে।
দিনগুলি শ্রমসাধ্য শক্তিকে বের করে দেয়
যেমন রাতে চড়াও হয় অনিশ্চিৎ কঠোরতা।

হর্ন, সাইরেন, সঙ্গীত, দূষণ, গুঞ্জন এবং নীরবতা
একেযোগে হাজারো বা লক্ষ বোবা শব্দ করে রচনা
বিকশি মানুষেরা দখল করে প্রতিটি খালি জায়গা
আর দৈনন্দিন আবর্তনে জয়গান মানবতার।

এই নগরবাসী কখনই থামে না কিন্তু একটি সীসা মুচড়ে যায়
দশ থেকে পাঁচ, অবিরাম চকচকে কাজের সংস্কৃতি।
চারপাশে আলো আছে, কিন্তু দৃশ্যগুলো বিবর্ণ মনে হচ্ছে
তা লক্ষ্য ভেদ করে জীবন প্রকৃতির
জন্য মারাত্মক হয়ে ওঠে।

দূর্বল লাফিয়ে চলা পাখি বা গোধূলী সন্ধ্যার পথিক
যান্ত্রিকতার ঘুম বা প্রাতে জাগতে অক্ষম ব্যাক্তি।
সোফা, কার্পেট, টিভি, মোবাইল এবং এয়ার কন্ডিশনার
সব থেকেও নিদ্রাহীনতায় নেই স্বস্তি
সব যেন পাথরের জাদুঘর।

মহাসড়কেরা যেন কত মৃত্যুর পথ
আমার সংগ্রাম এক শান্তিপূর্ণ জীবনের জন্য,
শহর কি আমাকে কোনভাবে ছন্নছাড়া করেছে?
না, এটা আমার চেয়েও ভালো মানুষদের ক্ষতি করেছে।

লাখো জনতার মাঝে আমি একা দাঁড়িয়ে আছি
তখন ঈশ্বর নীরব ছিলেন যখন আমি
যখন পরম কষ্ট পাচ্ছি।
আমি অবহেলিত হয়ে মরতে প্রস্তুত নই
শেষ নিঃশ্বাস ত্যাগ করার আগে
একটি নতুন শহর তৈরি করব আমি

শহর জীবন

উজ্জ্বল আনন্দ কিন্তু নিস্তেজ জীবন
তাড়াহুড়ো, বিশৃঙ্খলা এবং কলহ
উন্নতির উপায়, যান্ত্রিক জীবন
সবচেয়ে কৃত্রিম, নগন্য প্রকৃতি
একটা সমাজ, মিশ্র সংস্কৃতি।

গরম কংক্রিট কিন্তু ঠান্ডা ইস্পাত
অনেক সহানুভূতি, কিন্তু খুব কমই অনুভব করবে
অনেকেই হাসবে কিন্তু কেউ হাসবে
ডিস্কো, পাব, ক্লাব, হোটেল-ঘর
আনন্দ আর উল্লাসের কেন্দ্র এ শহর।

অনেক কাঁটা, কয়েকটা গোলাপ
নকল বন্ধু কিন্তু প্রকৃত শত্রু
আছে আপনার আনন্দ আর আছে আপনার দুঃখ
ছোট পরিবার কিন্তু কৃপণ হৃদয়
আছে বড় দেয়াল কিন্তু ছোট গেট।

বেশির ভাগই অচেনা, কিছু কিছু পরিচিত
ভবিষ্যৎ অনিশ্চিত, বর্তমান পরিষ্কার
সবাই দূরে, কয়েকজন কাছে
শহরের বিভিন্ন সম্ভাবনা রয়েছে
অনেক কল্পকাহিনী, আর কিছু কিছু ঘটনা।

যেতে দীর্ঘপথ, পেতে সামান্য সম্পদ
খুব কমই মানুষ অভিনয় করবে

কিন্তু অনেকেই সাড়া দিবে
কেউ দেয় কিন্তু অনেকেই নেয়
কোন প্রাপ্তি নেই উদ্দেশ্যহীন জীবনের প্রান্তে
ভাগ্য আপনার পাশে হবে এক বিলাসবহুল হয়ে অজান্তে।

অল্প সংখ্যক জ্ঞানী, অধিকাংশই বুদ্ধিমান
সবাই পরিপক্ক, কয়েকজন নির্দোষ
জীবন যুদ্ধে জিততে কখনো কাউকে ঠকাবেন না
আপনি যখন বাইক চালাবেন, অন্যদিকে তাকাবেন না
দীর্ঘ যাত্রা, তবে ব্যবধান প্রশস্ত।

আমার জন্য, আমি, আমার একমাত্র প্রতীতি
প্রচুর গতি, শূন্য আবেগ
যন্ত্রণার আশীর্বাদ, কিন্তু কিছু ঔষধ আছে
আসন হল পাহাড়, গালিচা হল সমুদ্র
এই শহর আমার জন্য তৈরি।

খুদে কবিতা

১.
বুকের দুধ খাওয়ানো মা
নির্লজ্জ নয়,
সে তার স্নেহের মধ্যে লজ্জাজনক

২.
"খাজুরাহো" অশ্লীল নয় এক শিল্প,
এটা সুন্দর দৃশ্য
তার মাঝে আছে যার দৃষ্টিকল্পন

৩.
আধুনিক মানুষ নগ্ন নয়,
সে নগ্ন নয়
কিন্তু তার ফ্যাশন-চিন্তায়

৪.
মানুষ পশু নয়,
তিনি মানুষ
কিন্তু তার ভোগবাদী কর্মে

যখন আপনি তাদের দুঃখ কিনেন

চিমনির ধোঁয়ায় ভরা বরফের বাতাস
ক্রিসমাস ব্লক পোড়ানোর সংকেত,
যখন চারিদিকে রঙিন আলো জ্বলে,
পবিত্র সন্ন্যাসীরা আনন্দের গান গায়।

উৎসর্গিত পদ্ম আর সাজানো হাতির দাঁতে ঘর ভর্তি
ঘুরে বেড়ায় শহরে শহরে আমাদের আনন্দের প্রতিধ্বনি
পাখির মতো গাছের চারপাশে গান গাইতে গাইতে
সমসুরের গান শোনে, ঝনঝন ঘন্টা নিয়ে আসে মিষ্টি ধ্বনি।

প্রিয়জনের সাথে দেখা করুন
যাদের আপনি প্রতিদিন অনুভব করেছেন
শত্রুদের আলিঙ্গন করুন, সহজে পিছলে যেতে দেবেন না,
একই টেবিলে ধনী-গরীব
শ্রম করো কিন্তু রূপকথায় পরিণত করো।

যত্ন কিছু গোপন জায়গায় যেতে দিন
প্রেম তার উপযুক্ত স্থান নিতে দিন,
পান করুন এবং আপনার চিন্তা ডুবান
কাউকে একা বা তাড়াহুড়ো মনে হয় না।

একবার আপনি আপনার হৃদয়ে খ্রীষ্টের চিহ্ন পাবেন
তাঁর অনুগ্রহ অনুভব করা
আপনাকে অঙ্গীকারী করে তোলে,
ঈশ্বর ভালবাসেন সবাইকে তাদের প্রকৃতরূপে
খারাপ অভ্যাস পরিহার করুন তাঁর মহিমায়,
সকলের সমৃদ্ধশালী আগামীকাল কামনা করার সময়

এটা মেরি ক্রিসমাস
যখন তুমি তাদের দুঃখ কিনবে।

চরম ক্ষণের প্রতীক!

মানুষ ছাড়িয়ে
সমস্ত প্রাণী একে অপরকে গ্রাস করে
তাদের মানসিক বিবেকহীনতার পথে যায়,
কিন্তু আজ মানুষ মানুষকে খায়,
এটা কি তার প্রজ্ঞার দেউলিয়াত্ব অধিক
নাকি চরম ক্ষণের প্রতীক!

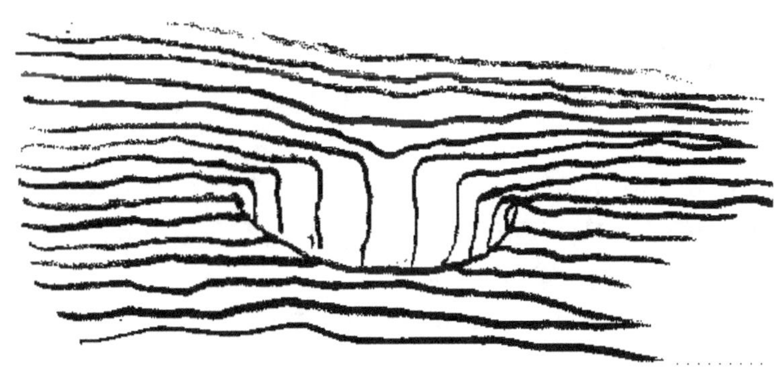

বিশ্ব

আমরা তৃতীয় বিশ্ব

স্ব-প্রশংসিত প্রথম বিশ্বের জাতিগণ
আমাদেরকে চিহ্নিত করেছে তাদের তৃতীয় বিশ্বে
তথাকথিত এক আর্থ-সামাজিক সূচকে
আর অন্যভাবে বলতে গেলে "আধুনিকতাই প্রকৃত উন্নয়ন"
কারণ আমরা নৈশভোজের আয়োজন করি না
কিন্তু স্বপ্ন দেখি একটি ভাল খেতে-পারা দিনের।

আমাদের বাচ্চারা পুরাতন পাবলিক স্কুলের মেঝেতে পড়ে,
সবুজের দ্বারা অন্য পৃথিবীকে খুঁজে-ফিরে
আর যার ফ্যাকাশে দেয়ালে
ঝুলানো থাকে নানান পরিসংখ্যান,
তারা মখমল ঘাসের উপর দৌড়াতে চায়
প্রতিদিন সকালে ছেঁড়া বস্তা টুকানোর পরিবর্তে,
বাচ্চারা যেমন পুরানো খেলনা ফেলে দেয়,
তেমনভাবে তোমরা আমাদের ত্যাগ করেছ।

এখানে একজন কিশোর তার কৈশোরে পরিণত হয়
এক রকমের অন্ধকার ভবিষ্যতের রূপরেখা স্বীকৃত মেনেই
দৈনিক তাদের এই বোঝাগুলো
যেন বিন্দু থেকে আকার গঠন করে চলে,
স্বদেশের গানের করুণ পুনরাবৃত্তিতে,
এখানে একটি তরুন উদ্যোক্তা হওয়ার স্বপ্ন দেখে
কিন্তু উইপোকার মৃত্যুর ন্যায় তার
চেষ্টার শিকড় যেন ফাঁপা করে দেয়।

তোমরা আমাদের এই নবীনদের বলো,
''এগুলো তোমার পকেটে রাখো!''
আমাদের মেয়েদের তোমরা বলো, ''হাঁটু গেড়ে বসতে!''
তোমরা বুলি আউড়াও, আর যৌনতায় খোঁজ বিনোদন,
তিন মিনিটের স্বস্তির জন্য আমরা প্রস্তুত
আমরা অনুতপ্ত হতে রাজি,
দুর্নীতি কিংবা অনৈতিক জীবনে।

যদিও কিছু কর প্রদানের বিনিময়ে আত্মার দাতব্য ক্রিয়া
চালানো তোমাদের রোজকার ফ্যাশন,
গরীব ছেঁড়া কাপড় পরিধান করে, একই কাপড়
ধনীরা পরিধান করে যেন আলাদা দেখাতে,
এইরূপ ব্যক্তিদের মধ্যে যেন আছে এক অজানা মিল
একদল চড়ে গাড়ি আর একদল যেন
একটুকু ভিক্ষা পেতেও অধীর!

অবমূল্যায়িত জীবন দাসত্যের ছায়ায় পূর্ণ
দারিদ্র্য যেমন উচ্ছেদের মাঝে বাঁচে,
বিদেশী সাহায্যের মাকড়সার জালে আটকা পড়ে!
আমরা এই স্বার্থসিদ্ধির মুদ্রাস্ফীতি সমর্থন করি
আর জোর করি বুর্জোয়া শ্রেণীকে খাওয়াতে
আমাদের নিয়ে এরূপ প্রচারণায় যেন আজ ন্যায্য হয়ে গেছে
দীর্ঘশ্বাস, কাঁদা আর লোক দেখানোতে।

চোখবাঁধা এক গৃহযুদ্ধের দরুণ
রাজনৈতিক জীবন ও মৃত্যু করতে হয় আমাদের বরণ,
আমরা বুঝিতে হই ব্যর্থ যুদ্ধক্ষেত্রের সব ধরণ
তোমরা বলো, "আমরা আছি আর
মোকাবেলা করবার অস্ত্র আছে মজুদ",

সর্বদা মত প্রকাশের স্বাধীনতার জন্য চিৎকার করে ফিরি
পার্থক্য জানার চেষ্টা করি না কখনো
আমাদের ত্বক আর আওড়ানো বুলির ভিতর।

একটি বিভক্ত দেশ যা ঋণ মুক্তির
জন্য দীর্ঘশ্বাস ফেলে আর কাঁদে,
বিরোধীরা প্রোপাগান্ডা দ্বারা মগজ ধোলাই করে ক্ষণে-ক্ষণে,
যেভাবে নেতারা প্রতি সেকেন্ডে কোটিপতি হয়ে চলেছে
আর প্রতি মিনিটে মানুষ দরিদ্র হচ্ছে,
প্রাচুর্যে ভরে যাচ্ছে কারো জমি,
অথচ এখনও কেউ কাঁদছে "টাকা নেই" বলে।

ভুয়া নৈতিকতার সাথে স্ব-শৈলীর মিডিয়া চক্র,
জনসংযোগ এবং বিতর্কিত সাক্ষাতকারের তরে
যেন তুচ্ছ চিন্তায় বারংবার করায় পরিণত হয় দর্শনে।
ভদ্র সমাজে তাদের কণ্ঠে বিশুদ্ধ বিষ ছড়ায়,
তথাকথিত সংখ্যালঘুদের নামে,
প্রতিটি সংবাদ ধর্মীয় স্ট্যাম্প দিয়ে লেবেল করা হয়,
নীতি বহির্ভূত সত্ত্বেও তারা সামনে তুলে ধরে,
ভালো উদ্দেশ্যকে ছোট করে।

যৌনতা এবং সহিংসতা বিনোদনের যেন নতুন রূপ,
এখানে বড় বড় আইনজীবী ও
কর্পোরেশন প্রকাশ্যে প্রভাব বিস্তার করে
বিপুল মুনাফা অর্জনের জন্য গণ-উন্মাদ রাজধানীতে,
এই কি দারিদ্র্যের সাথে অবিচার আর
ভুগতে থাকা মিথ্যা চিন্তার একটি স্পষ্ট ইঙ্গিত নয়
যে এই সন্ধিক্ষণে তৃতীয় বিশ্বের উপর তর্ক করছে।
এই যুগ এবং এর বাতাস নতুন-সৃষ্টি?

কোন নিঃস্বার্থ নিবেদন? কিছু উৎসর্গ?

না! একদম না।

এখন সামাজিক মূল্যায়ন বিভিন্ন
তারা এখনও সম্পদের মূলে দাঁড়িয়ে আছে
তাই শুধু করিতে চায় অর্থ উপার্জন,
চারিদিকে যা-তা-ইচ্ছা।

উহ্! এই যুগবায়ুতে
"সম্পদ শিকারী"দের কোন ভয় নেই।

জীবনের রঙ্গমঞ্চ

স্রষ্টার দেয়া বর কে আপন কেইবা পর রঙ্গমঞ্চ এ জীবন
আমরা যা করি যত নিত্য ছন্দ যত
সব লোক দেখানো এ ভূবন,
করি যত নিত্য নৃত্য-গান থাকে যা বহমান অবিরত
চরণে চরণে করে বিচরণ আবহমান দ্বন্দ্ব কত শত,
কখন যে পরাজয়. নেই কভু মিছে ভয়,
হাত-ছাড়া আপতনে হতে পারে জয়,
হঠাৎ কত-কথা, হাত ধরে উঠে আসি প্রান্তে,
কত শত চেষ্টায় লড়ে যাই প্রাণ-পণ-ক্ষণ-অন্তে
আড়াল হতে দয়াময় দিয়ে যান শত
বর সদা আমাদেরই অজান্তে।
প্রতিটি পর্বে থাকে জীবনের গল্প,
কত চড়াই উৎরাই, সরল-জটিল বেশি বা অল্প ।

চিত্তকল্পে অদৃষ্টে আমাদের নেই ছড়ি,
আনন্দ দুঃখ নয় আহামরি
সাঁচা কার মত করে চিত্ত ভরি ভরি।
খেয়াল বা কর্মে হই অভিন্ন নিত্য
পরিহাসের পাত্র হয়ে রই তার আনুগত্য পরায়ন ভৃত্য।

জীবনের যত থাকে শঙ্কা ও দ্বন্দ্ব,
ধরেনাতো এই হাত বিপদে আসেনা কোন সঙ্গ।
সুখে মত্ত এ চিত্ত নাকি ভরপুর মন্দা নয় কভূ গুরুত্বপূর্ণ
তাঁর যত আছে বানী জীবনে শেষতাক শিরোধার্য্য সেই পূণ্য।
মায়া পদযাত্রা

মায়াময় নতুন যুগে
''হতে গিয়ে আধুনিক''
আমরা কি পাচ্ছি?
''ঘুরছি হয়ে চরকির ঘূর্ণি ''
পরিণাম হয় কি?
''এ চিত্ত বিসর্জন,
পুড়ে অঙ্গার এ দেহ ভস্ম-চূর্ণি''
আর নেই বাকি পথ
''সামনে বা পেছনে ফেলতে গিয়ে পা
পাই না কোন সংযোগ বহ্নি''।

বাস্তবতা

কেন আমরা জুড়ি এত বিস্ময়-ব্যাথা
চলার পথে যা করি আমরাই অর্জন
কেন নিরাশার বোঝা কেন এত
হতাশা করিতে কি পারি না বর্জন?
কিভাবে জাগাতে পারি কত কম সময়ে
স্ব-স্ব আনন্দময় প্রাণ প্রাণবন্ত স্বত্তা।
আমোদ-ফূর্তি কি চিরন্তন সঙ্গী?
বিস্মিত হয়ে রই কেও কভূ নেই সাথে
সব মিছে আমাদের দৃষ্টিভঙ্গী।

কাঠ গোলাপের মতো প্রফুল্ল চিত্ত হতে হয় ধীর
বিকশিত ডালের মত যত ফুলে ফুলে মুগ্ধতা,
আকর্ষনীয় কারো জন্য যেথায় আমি বৃথা,
এখনো আছে যা আমি মনে করি তা হয়ে যাবে সুবিশাল
হয়ে রবে স্মৃতি পাতা সাফল্যে ঘেরা দেয়াল।
যেখানেই যেথা রই কারণে-অকারণে
দিনে দিনে সারহীন শত আশা পুষি
কখনও যদি বিশ্বাস করি কোন দোসর
আমাদের হবে না কভু এ জগতে সহচর।
অনুভব করি এই প্রাত-পথে-সাথে পরিজন,
সাজানো উচিত সে আসর
যা পতনের সময়েও করে মনোরঞ্জন
যার রজনীর কালে সাজাতে প্রয়াস মন
যথা সদা সবে নিজ আলয়ে,
হয়ে রয় বিষাদভরা স্ব-স্ব-জন।

বই

নিরস চিত্তের মাঝে পড়ে আছে বই
যার কন্ঠ সময়ে সময়ে জরুরী মনে হয়,
তার কথা আমাদের ধরে নাকো মনে
সমাজের গন্ডিতে কত কথা বুনে,
জানে তারা আরও কিছু নিহিত যত সব
চাইলেই মেলে না তো পরিবর্তনে।

আমাদের মাঝে নেই তাদের সজীবতা,
তাদের যত কথা আমাদের কানে তিতা।
তাতে করে অবজ্ঞায় ছুড়ে ফেলে আমাদের,
হেতু যত কন্ঠস্বর তাদের হয়েছে বৃথা
যখন একটি পাতা খুলে আমি হই তাতে মগ্ন
গভীর আচ্ছন্নে হারিয়ে যাই
যেন একটা পথ ডুবে যায় সমুদ্রগর্ভে।

একটা পেজ খুললেই পড়ে যাই
তার হিমশীতল গভীরতায় ডুবে
পাথরের মত, আমি ক্লিশে কথা বলি।
তারা অশুভ লক্ষণের মত সময়ে ঘোরাফেরা করে
তাদের উন্মত্ত পৃষ্ঠাগুলি আকাশে
মেঘের মতো ডানা ঝাপটায়।

তারা আমাদের হাড়ের অন্ধকার
যা মৃত অগ্নিশিখার মত জ্বলতে থাকে।
কী এক সংগ্রাম তারা দিনরাত সহ্য করে!
কিছু বই না খোলা চোখে পড়ে,
কিছু অতীতের বই পুড়ে গেছে

অথবা দীর্ঘজীবী হতে পারে একটি পাতা উল্টানো না.
পাকা বার্ধক্যে না পড়ে মারা যাওয়া
পরবর্তী প্রজন্মের দ্বারা অর্জিত।

রাগে হলুদ-বই-পোকা গ্রাস!
একটা জিনিস কমন আছে- বই বা পুরুষ,
কিন্তু কিছু উল্লেখযোগ্য বুঝতে পারেন.
প্রতিটি বইয়ের উজ্জ্বল ধর্ম আছে
যা আমরা পড়তে এবং বিশ্বাস করতে ব্যর্থ হই।

নুড়ি

সময় রংধনুর ন্যায় অগ্নেয় শিলার
কঠোরতাকেও গড়ে তোলে মসৃণ
সিঁদুরবর্ণের মুক্তগুলো,রৌপ্যের সুদৃঢ়তায় এবং
একাগ্রতায় রূপ নেয় ফ্যাকাশে ফেল্ডস্পারে
কিন্তু এ ধৈর্যের ফলশ্রুতিই বরং রূপ নেয় গহনায়।

আগ্নেয়গিরি থেকে জন্মগ্রহণ করা,
ভূমিকম্প উৎপাদিত,
উত্তপ্ত বিহঙ্গে গড়া, বাতাসে খোদিত,
মৃত্যুর ন্যায় আকৃতি যার পাথরে খোদিত,
ভাঙ্গা হাড় হিসাবেও এর আলোক হয় উদ্দীপ্ত।

যখন জোয়ার তার আবরণ করে মোচন,
ঝিকিমিকি করা কনাগুলো যেন
চূর্ণবিচূর্ণ শৈল মাঝে করে বিচরণ।
জলকাষ্ঠে পর্যদুস্ত, লবণ এবং সূর্যস্নানে বিধৌত
জীবন্ত সবকিছুই যেন ভাঙা মৃন্ময় পাত্রের ন্যায়।

উচ্চভূমি থেকে যেমন ঈগলের দৃষ্টি,
ভারক্লান্ত হৃদয়ে যেন এক অসহানুভূতি
আমি বহন করে চলেছি
এ সমুদ্র আমাকে কখনও জড়িয়ে ধরবে না,
তাই আমি বসে আছি, কখনও
সমুদ্র মাঝে ভাসি ফাঁপা কাঠের মত,
আবার পরক্ষণেই
নুড়ির মত যেন মিলিয়ে যাই।

হে তারা!

আমি যখন দেখি স্থির দৃষ্টিতে
আধার কালো অদূরে,
হে তারা! আমি একটি
জ্বলন্ত উদ্দীপনা অনুভব করি
আমার গুরুত্বপূর্ণ অঙ্গে।

দেব দূতদের প্রাণবন্ত চোখ,
হাজারো সূক্ষ্মতায় অর্পিত
আপনার প্রফুল্ল চিত্ত দেখান
এ অজ্ঞ পৃথিবীকে।

চাঁদের সংলগ্ন চৌম্বক তারকা
নাবিক কে পথ দেখায়।
আমার হৃদয় তোমার প্রতি সাড়া দেয়
জীবনের সঙ্গে ঝিকিমিকি
এবং আমার সমুন্নত আত্মাকে উদ্দীপ্ত করে
একটি অমর আলিঙ্গনের সঙ্গে।

প্রকৃতি

প্রথম বর্ষা

অভিবাসী গর্ভবতী মেঘ আসে যেন এই ক্লান্তিলগনে
এক ঝড়ো হাওয়ার প্রদানের জন্য মনকামনা নিয়ে।
একটি বিকশিত শিশুর মত বিশাল জলবাহী জাহাজের ন্যায়
বায়ুমণ্ডলকে গর্ভে ধারণ করার মত ভীষণ-ভার।

চারেদিক আলোকিত করে ঘোষণার সাথে
জীবন সুধা যেন দান করে বিশালতার মননে,
ক্লান্ত কৃষকদের চঞ্চল চোখ যেন অপেক্ষা করে
তাদের অন্তরে নিবদ্ধ অন্ধকারগুলো
 যেন মিলিয়ে যায় আপনে আপনে

তৈমুর মৌমাছি, নম্র চড়ুই পাখিরা
আসো! স্বাগত জানাই বার্ষিক আনন্দের এ মিছিলে
আর তরল সুধায় গ্রহণ করো এ সঞ্চিত ধন।
রুপালী অংকুরগুলো যেন প্রতিটি
উপলব্ধ সহায়ককে গভীর করে তোলে,
বিশুদ্ধ জীবন সুউচ্চ শাখা থেকে গড়িয়ে পড়ে চলে,
এক ঝাঁঝালো সাদা বহুবর্ষজীবী
স্রোত যেন কোন এক অভিযানে আছে।

চকচকে বৃদ্ধ প্রায় গাছপালা,
ধুয়ে ফেলা ফুটপাথ যেন এখনও ভেজা,
সবকিছু যেন মনে হয় শান্ত, বন্য ও বিনয়ী।
বালির মিষ্টি ঘ্রাণ বেশ লোভনীয়,

আমি ভেজা অংশটি হতে চাই,
কিছু স্মৃতি স্মারক রাখার অভিপ্রায়।

জলীয় মুক্তা সূর্যের অবর্তমানে
যেমন তাদের মুখ লাল করে ফিরে,
সারিতে পালক প্রাণী, রংধনু
অর্ধচন্দ্রাকার ন্যায় যেন দুলতে থাকে।
সুগন্ধি উপাসনা নিঃশ্বাসে উদার হৃদয়,
বর্ণিল সাজে পৃথিবীকে
যেন মনে হয় ভারতীয় বধূর মতো
তার প্রথম বর্ষায়, প্রভুত্বময় গরিমায়।

ঐশ্বরিক সন্ধ্যা

ফ্যাকাশে বয়স্ক সূর্য ফিরে তাকিয়েছে
উষ্ণ পাহাড়ের আড়াল থেকে
তার আপনও স্বত্বার স্বত্বাধীকারীর অভিমুখে
এবং তার সমস্ত সময় উপভোগের মোহে।
যারা এ পার্থিব স্বত্বাধিকার
একটি নতুন আগামীর জন্য নিজেকে প্রস্তুত করে তুলছে,
পাখি যেমন নীরের পথে ফিরে আসে সারিতে সারিতে
গোধূলির আকাশের দিকে ধনুকের ন্যায় হয়ে।

ধীর-প্রকৃতির প্রাণীর দল যেমন পরিশ্রান্ত লক্ষ্যে চলে
পশুপালকগনও তাদের পরিশ্রান্তের লক্ষ্যেই চাষ করে।
ধুলোর মেঘ বাতাসকে আবৃত করে
এই দানবীয় কাল ফিরে আসে সময়ে সময়ে।
আদিকালে অধিষ্ঠিত এই আলোর ঝলক ধরে গাছগুলো যেন
ভূতুড়ে মূতির ন্যায় দাঁড়িয়ে থাকে।
তাকিয়ে দেখ! এ যেন অকাল পক্ক 'সন্ধ্যা তারা'
তারা যেন যমজ, অর্ধচন্দ্রাকার চাঁদের সাথে
তারার পটভূমিতে এক সূক্ষ্ম চিত্র আঁকে।

সূর্য যখন পশ্চিমে অস্ত যায় তখন মনে হয় যেন
একটি বটবৃক্ষের পাথর-গোলাকার
তটে বুদ্ধিমানের ন্যায়ে আচরণ করে।
আধ্যাত্মিক মর্ম বানীতে ক্ষীণ গির্জার ঘণ্টা বাজছে
নশ্বর শিল্পের মেয়াদ প্রচার করে, সে যেন বলে যায়,
এটা ঐশ্বরিক সন্ধ্যার সময়,
তোমাকে অনিবার্য মনে করিয়ে দিচ্ছি-
তুমি দুর্বল মানবজাতি!

শীতকাল

তুষার ঢাকা চাদরের মধ্যে
ধরনী যেন শীতের তীব্রতাকে প্রত্যাহার করে চলে
দিনের উষ্ণতাকে চুম্বন করে।
দীর্ঘ নির্জন উপত্যকা ভেদ করে
উচ্চতর হিমবাহীর ঝড় বয়ে নিয়ে
গভীর এবং গম্ভীর নির্জনতাকে আনন্দ দিতে।

খালি ভূমির উপরে, একটি পবিত্র সূর্যকিরণ
বেজে উঠে যখন হৃদয়হীন
পশ্চিম থেকে বিস্ফোরণ করে প্রসারণ,
কিন্তু ঝড়ঝঞ্ঝা উত্তরের তুষারবৃষ্টি
সমস্ত মাঠকে যেন চাদরে ঘিরে রাখে
তুষার একটি খসখসে অংশ,
এক পৃথিবীকে উন্মোচিত করতে
নীরবে যেন সব শুকিয়ে যায়
পরক্ষনে সংবেদনশীল কঙ্কালের
জীবন যেন তার অস্তিত্বের জানান দেয়।

আমি যেন মরমর এক রাস্তা মাড়িয়ে চলেছি
উজ্জ্বল নীল একটি নিভুনিভূ অন্ধকারে তাকিয়ে
এক অনিন্দ্য সুখময় পৃথিবীর সুধা নিয়ে
উষ্ণ রূপালী সূর্যালোকে।
গোপন বিশ্রামে পশু বা পাখিরা কিংবা
এই পাতাহীন গাছগুলোর সাথে
যেন ভাগ্যের সাথে সাদৃশ্যতা,
জ্বলন্ত স্তন নিয়ে একাকী রবিন পাখির ন্যায়
সূর্যের সূক্ষ্ম মাধুর্যে আহরণ করে চলেছি।

পপির মুক্তগুলো নিশানা হয়ে কিভাবে ছড়িয়ে পড়ে
যেখানে লিলিরা ঘুমিয়ে পড়েছিল কিন্তু
গোলাপের হৃদয় এখনও স্পন্দিত হয়।
যখন মাটির তাজা রস
ফ্ল্যাক্সেন ফুল যেমন চতুরঙ্গ করে,
উঠুনে তুষারপাতের ঝাঁক
দুর্বল জানালার ঢোকা দেওয়া কক্ষ।

যখন, আমি উষ্ণ প্রকোষ্ঠে পা রাখি,
আমি আশ্চর্য হয়ে পরি এই ভেবে যে এটা সত্যিই কি আমি?
আমি সেই দুঃখের দ্বারপ্রান্তের যেন এক পাথর ছিলাম?
বিকৃত এবং কাঁপুনি দেওয়া ছায়াপুঞ্জগুলো যেন
আবছা আলোয় এই ছাদকে আলোকিত করে চলে।
নিষ্প্রভ তারার বর্ণহীন ক্লাস্টারগুলো যেন
রাতের কানে অলঙ্কারের মতো লাগে।
এই প্রশান্তিময় লঘু চাঁদ তার স্থান পরিবর্তন করে চলে
যেমনটা নগ্ন কালো ছায়ার ভিতর দিয়ে।

একটি ঘরের কোণে সারা রাত দ্রুত অতিবাহিত হয়ে চলে
কুরুশ কাটার উল বোনার মত, এভাবে
শেষ হয় সব ক্ষণস্থায়ী রাতগুলো
আমি প্রতিশ্রুতি রক্ষা করার শপথ করি
সন্তান সম্ভাবনা একটি উষ্ণ লোমশ কম্বল স্পর্শে।
ঈশ্বর সেই সমস্ত গৃহহীন আত্মাদের করুণা অন্তরে ধারণ
করে।

আমার কুটির

আমার কুটির, সুন্দর লোভনীয়, আর চকচকে
এক আলোকদীপ্ত আকাশের নীচে সকালের সূর্য মেখে
লম্বা সাপের ন্যায় ফুটপাতগুলো
থেকে যেন হিস হিস শব্দ আসে,
রেশমি গাঢ় সবুজ লনগুলো যখন
আমাকে অভ্যর্থনা জানায় ঘুরেফিরে
আসা দৈনন্দিন শব্দ ধ্বনি থেকে।

উড়ন্ত পায়ের জোর অনুভব করি,
আমার পাতালপুরীতে পৌঁছানোর
জন্য মন করে যেন বাড়াবাড়ি।
যখনই হতাশ হয়ে উঠে মন
দেয়ালগুলো যেন অনুপ্রেরণা দেয় দৃঢ়তার ন্যায় হয়ে
ছাদগুলোর মেজাজ যেন শক্তির বিরুদ্ধে ঢালের মতন,
সব কক্ষগুলোই যেন অবসরের মাপকাঠি
বাতাস যেন জানালা বাইরের দৃশ্য অবতারনা করে।

যখন এক সন্ধ্যার ছায়ায় মন হয়ে উঠে শিথিল
একটি ছোট পাখি নাম ফলকের উপর বসে আছে,
সন্ধ্যাকালে আমি স্বপ্নময় ঘুমে যাই ডুবে
মানুষের অভিজ্ঞতার ক্ষেত্র সম্পর্কে আমার ভীষণ অবজ্ঞা
এক গভীর বালিশে হেলান দিই।

প্রভাতের মুগ্ধতা

অনিচ্ছাকৃতভাবে রাতগুলো ধীরে ধীরে পিছু হটছে,
ধূসর মাটি, কিছু আবছা ছায়া এখনও ঝুলছে।
প্রতিটি খামারকে জাগানোর জন্য
ভোর অবসরে বেরিয়ে আসে
তরল আলোর সাথে ঘুমন্ত সূর্য
বালিকে যেন উষ্ণ করে তোলে।

সকালের জলপরী সমুদ্র থেকে উঠছে
জাদু কুয়াশার আবরণ পরা মুক্তো থেকে
তার চকচকে ব্রেসলেটের মধ্যে বাতাস যেন ঘুরপাক খাচ্ছে।
পড়ন্ত এক সূর্য রশ্মি থেকে ধরে
পাহাড়ের চূড়া তার মহিমা যেন দুলছে।

তার সুগন্ধি জাগিয়ে তোলে মানুষের ঘুম,
পাখির কল-কাঁকারিতে নীরবতা দেয় ভেঙ্গে।
আমি মৌমাছির চেয়ে তাড়াতাড়ি উঠতে আগ্রহী,
হয়তো দৈবশক্তি অনুভব করতে পারলে ভালো হতো।

প্রতিটি বাড়িতে আপন প্রয়োজনে জ্বালায়,
সকালের ধূপ, সুদূর ধ্বনি শুনতে পাওয়া যায়।
আত্মা হয়ে উঠে তাজা এবং নতুন ভাবে জেগে
নিরাময় আলো একটি ঐশ্বরিক
অবতার বহিঃপ্রকাশ করে ফিরে।

গোলাপের গুচ্ছ আর লিলি জেগে ওঠে,
বাতাস গাছে লুকিয়ে রাখে, থেকে-থেকে কেঁপে ওঠে।
লাজুক দাসী কলস নদীতে নিয়ে ভরে,

কৃষক এবং পশুপালকরা তাদের পথে ছুটে চলে,
সমস্ত প্রাণীকে অবশ্যই কঠোর পরিশ্রম করতে হবে
তাহলেই অপ্রচলিত পথ উজ্জ্বল হবে সাফল্যে।

<u>মহাজগৎ-</u>

আশা

যখন একটি রাত একটি দিন অতিবাহিত হয়
পাপী মেঘ যেমন তার সূর্যকে প্রলেপ দেয়,
সব স্নেহসিক্ত বন্ধন দূরে গেলে হয়ে উঠে বিবর্ণ
প্রতিটি সমাবেশ এমনইভাবে যেন ধ্বংসস্তূপে পরিণত করা।
হতাশা বিষণ্ণ পেঁচার মতো বসে আছে
যখন নিয়তি আমাদের শত্রু হয়ে ওঠে।
প্রচন্ডভাবে বাঁধা শরীরের প্রতিবন্ধকতার কাছে
মাথা নত এবং চোখকে অবনত করে ফিরে।
যদি কেউ তোমার প্রাণবন্ত ফোঁটা না গ্রহণ করে,
আশা নামক বংশীবাদক যেন উচ্ছ্বাস করে উঠে।

সব গুপ্তধন কেড়ে নেওয়া যায়
তবে কেউ আশা কেড়ে নিতে পারে না হায়।
একশত মহাবিশ্ব নাচতে থাকে
কিন্তু শুধু হৃদয়ই এর পরিধি তৈরি করে চলে।
আশা উচ্চাসনে থাকে একটি ঘুড়ির মতন
আপনি যখন কাঁদেন তখনই গান গায়।
যদি আলোর অভাব হয়,
আপনার উঠোনে সোনার খনি খুঁড়ে।
একটা হাহাকার কালো রাতের পরে মনে পড়ে
দিনের বিরতি বিস্ময়করভাবে উজ্জ্বল প্রদীপ্ত হয়ে উঠে।

খুব বেশি উঁচু নয়, আকাশ ভীষণ লম্বা
আর ঝড়ো মেঘ যেন কাছাকাছি,
তারা তোমাকে একটি দুর্দান্ত পতনের জন্য চাপ দিতে থাকে

মনে রেখো, যখন আশা ভেঙ্গে যায় তখন কেউ শোনে না,
অসংখ্য মজুত ধ্বংস সাফ করার মধ্যেও যদি তুমি থাকো।

আশা ফুরিয়ে গেলে, তুমি ধারও করতে পারো
এটি একটি ভীরু বন্ধু, যে ভয়ে হয়ে উঠে নির্দয়।
তোমার দুঃখকে অবহিত করে,
একটি নতুন যুগে পদার্পন যদি করিতে পারো,
প্রতিটি ডাল ফুল আনার জন্য তোমার অপেক্ষা করবে,
আশা তোমাকে দ্বিতীয় বসন্তের সুযোগ দিকে।

প্রতিক্রিয়া

কেন এটা প্রয়োজন?
সারি সারি আলোতে আমরা ঘুমাবো কখন?
রঙিন নিয়ন আলোর কল্পনায় আমরা কখন স্বপ্ন দেখি?
আমাদের শ্বাস ধীর করার
জন্য মাদকদ্রব্য ব্যবহার করে থাকি
কখন আমাদের পরিশ্রম করে হাঁপানো উচিত?

কেন দুটি ব্যক্তিত্ব আছে?
যখন আমাদের ছায়া থাকে।
হ্যাঁ, তারা যেটাকে অগ্রগতি বলে বা হতে পারে
এটা আত্ম-ধ্বংসের অপর নাম।

আমরা ইচ্ছাকৃতভাবে নিজেদের
মধ্যে নিমগ্ন থাকতে পছন্দ করি
সমুদ্র এবং আকাশ যখন
আমাদের পায়ের নিচে মাটিতে এসে মিশে।
আমরা বিরোধীতার ফল জন্মায়ে
এক মিথ্যা গবেষণার গাছের উপরে
যার সালোকসংশ্লেষণ সমৃদ্ধ হয় এই মৃত্তিকার মাঝে

আমরা যেমন ভিড়ের মাঝে দাঁড়াই
খালি জায়গার স্বাচ্ছন্দ্য অনুভব করুন,
হয়তো আমরা ফিসফিসে কথা শুনতে পাচ্ছি
তারা এবং গ্রহের সঙ্গে
মানুষের কণ্ঠস্বর মৃত কানও যেন বুঝতে পরে।
সবই যেন স্তরে স্তরে এই ধার্মিক জীবনের ভ্রমণ
মিথ্যার প্যাকেট দিয়ে, প্

রতিটি মুখ ভরা সে হয়তো বুঝেও না যে
তার নিজের অনেক দূরে মৃত্যুর বলিরেখা।

আমরা পবিত্র করতে বিলিয়ন গণনা করি
ঘন্টা শুধুমাত্র একক সংখ্যা হিসাবে
আমাদের বিবেক সত্য হওয়ার চেষ্টা করে।
এটা কি কোন ইন্দ্রিয়গ্রাহ্য শূন্যতা যখন
আমরা কি বিশুদ্ধভাবে অনুভব
মরিচীকা পান করার মোহে চলি?

প্রতিটি হৃদয় অন্ধকার ভারতের কালিতে ডুবানো হয়েছে
যেমন আকাশ কালো দুধে পরিচর্যা করে।
পৃথিবী তার নড়াচড়ায় কেঁপে ওঠে
সঙ্গে সুযোগ, সৌন্দর্য এবং তারুণ্য কি
ভয়ের বোঝা, শ্রম এবং খেলার মাঝে।

একজন কবিও এই সংশয়ের অংশ,
কবিতা যদি রহস্য হয়ে যায়,
একটি কবিতা যদি সমাধান না দেয়,
এটি অন্যভাবে পড়ুন বা দেখুন না
এটি আপনাকে প্রভাবিত করবে এর পরের প্রভাবের মতো
একটি ভুলভাবে নির্ধারিত ওষুধের মতো করে।

শাখা বিস্তার করা বা না করা
তারা বলে গিয়েছিল যে
সৃষ্টির প্রাথমিক একটি বিস্ফরণের মাধ্যমে হয়েছে
বা একটি বাগান ফল, যখন তারা
পাকতে শুরু করে বা পরিপক্ক হয়ে উঠে,
তারা শাখাচ্যুত হয়।

তবে আমি একটি সাধারণ মতনৈক্য পছন্দ করি,
একটি বিচ্ছিন্ন এক হয় না
কারণ তুষারপাতগুলোও অপেক্ষা করতে থাকে
দূরের পথভ্রষ্টকারীদের জন্যে,
যা জীবনের অর্ধেকটা মুছে দেয়
বাকি অর্ধেক পরিষ্কার করার জন্য।

যাওয়ার সময়ের অনুভূতির অংশ,
কেন এই বিভাজন বা হ্রাস?
এক অংশ বিচ্ছিন্ন, এক অংশ ঐক্যবদ্ধ,
বিচ্ছুরণ কেমন মধুর আকর্ষণে বদলে যায়!

এটি একটি বেতার সংযোগের সঙ্গে
বিভিন্ন স্তরে সম্পর্কের ন্যায়
আমরা আরো ভালোবাসি কিন্তু সম্পূর্ণ ভুলে যাই।
দূরত্ব যেমন পারস্পরিক সম্পর্ককে সংজ্ঞায়িত করে,
আমরা দেখা করব কিন্তু দুর্ভাগ্যই যথেষ্ট।
সময়ের জন্য আশ্রয়।
এটা লাভ-ক্ষতির বিষয় নয়
একটি আনন্দ বিচ্ছেদের দুঃখকে জাগিয়ে তোলে।

আত্মকথন

মন্দ যেমন নৈতিকতার মহারাজ,
রাত যেমন দিনের রেখা,
মেঘ অন্ধকার -ভারী হতে পারে
কিন্তু শুধু তারাই বৃষ্টি আনতে পারে।

যখন বিশ্বাস উজ্জ্বল হয়, তখন সন্দেহ দীপ্তি হারায়,
যখন জ্ঞান বৃদ্ধি পায়, তখন চোখের জল শুকিয়ে যায়।
মৃত্যুর ওপারে কি জীবন আছে?
আকাশ জুড়ে কি পথ আছে?

আমরা ইচ্ছুক পাপী কিন্তু ক্ষমার অধীন,
যখন কোন পথ তোমার জন্য বন্ধ হয়ে যায়,
অন্য সবসময় আগে থেকে আছে।
যখন আপনি ভিতরে একটি শব্দ শুনতে পাবেন,
আত্মার বিশুদ্ধতা, নিজের প্রতি বিশ্বাস।

সূর্যের শক্তি উপভোগ করুন

অতীতের অন্ধকার রাজ্যে করে
বর্তমান একটি আলো নিক্ষেপ?
তীক্ষ্ণ বেদনাদায়ক বাস্তবতা যখন চিমটি কাটে
একটি জীবন অতীত আমাদের উপশম করে?
কালকের কথা ভাবছে
আপনাকে সহজাত থেকে বঞ্চিত করে,
চাপা বর্তমান জীবনের অদেখা ক্ষুদ্র আনন্দ।

অন্তর্দৃষ্টি বিকশিত করুন,
সমস্ত উপাদান উপভোগ করুন
যখন তারা উপস্থিত থাকে।
সেখানে থাকা অবস্থায় সূর্যের শক্তি অনুভব করুন
কারণ রাত খুব বেশি পিছিয়ে নেই।
নতুন ফুলের সন্ধানে,
শিকড় থেকে দূরে যেও না,
অতীতের জন্য বিলাপ করবেন না
বা চেষ্টা করবেন না
ভবিষ্যৎ কারণ আজ দিন।

সৌন্দর্য: স্বর্গীয় সুখ

সৌন্দর্য আশীর্বাদ এবং একটি উচ্ছ্বাস,
জীবন যখন তার পবিত্র মুখ উন্মোচন করে,
কিছু নরম ফিসফিস আমাদের আত্মায় কথা বলে।
অনন্তকাল নিজেকে আয়নায় দেখে,
এটি বিভিন্ন রঙের বিশুদ্ধ আভা দিয়ে জ্বলজ্বল করে।
এটি পূর্ব দিক থেকে ভোরের সাথে উঠবে,
অসীম সময়ের তালে দেবদূতের সাথে।

উৎফুল্ল সৌন্দর্য কেন্দ্রীভূত থেকে নেমে আসে
এবং ভুল গোলক থেকে একটি মসৃণ অমৃত জ্বলজ্বল করে।
এর মুগ্ধতা বক্ষকে মুগ্ধ করে,
এসো! গ্রোভের হাওয়া গম্বুজ দেখুন,
যেমন তার ঝর্ণা জাদু থ্যালের তৃষ্ণা নিবারণ করে।

এখন আমাকে ভুলে যাও

আমি যখন শেষ নিঃশ্বাস ফেলি,
আমার কবরে কাঁদবেন না বা লিখবেন না
আমার জন্য একটি পাথর সেখানে থাকবে না।

মৃত্যু ভাগ্যের দাস,
কিছুই করতে পারেনি।
আমি আমার রূপ পরিবর্তন করব,
আমার ছাই হবে এক সাথে
পৃথিবীর ভূত্বক,
আমি তার সঙ্গে ঘূর্ণন হবে
প্রতিদিনের পথ এবং লাইভ হতে
আবার চিরতরে, চিরন্তন হয়ে উঠি।
আমার জন্য, জীবন মানে হবে সব
এর চেয়ে বেশি যদি কখনও যা বোঝায়,
তুমি এখন আমাকে ভুলে যেতে পারো।

ভূবনে অধঃগমন

পায়ের পাতা বা রূপের সাহায্যে মৃত্যু,
খালি হাড়ের পায়ের ছাপ ট্রেস করা কঠিন।
জীবনীশক্তির আয়নায় এর প্রতিচ্ছবি দেখুন,
এর আত্মা জীবনের শরীরে শ্বাস টানে।

মৃত্যু ঘোলা মাংসের অভ্যন্তর,
অন্ত্যেষ্টিক্রিয়া চিতার উপর ট্রায়াল-মাউন্ট
শরীরের কাপড় পোড়া অনুভব করতে.
আপনি পৃথিবীতে নামছেন না
কিন্তু অনন্ত আকাশের দিকে উঠছে,
এবং একটি আদি জন্মগত প্রবেশ.

সূর্য অস্ত যাওয়ার সাথে সাথে চাঁদ উদিত হয়।

চমৎকার প্রবীণ বছর

যে অত্যধিক বয়স্ক বছর হয়
তার মৃত্যু শয্যায় শুয়ে ছিল
আমাদের আগের পথের একজন সহযোগী এবং
প্রত্যেকের আকাঙ্ক্ষার জন্য একটি ইচ্ছুক আহ্বানকারী।

তার দিনগুলো একসময় জমকালো ছিল
এবং সন্ধ্যায় একটি গোলাপী স্বর্ণকেশী।
যখন তার আশা তুঙ্গে
তিনি কল্পনাপ্রসূত দৃশ্যমান রাত্রি বুনতেন।
তিনি কিভাবে তার উদার হাত দ্বারা অপব্যায় করেছেন
তার অধিকারে থাকা সমস্ত ধনভান্ডার?

আমি অ্যাপোলোতে তার ক্ষুদ্র চিহ্ন খুঁজে পাই
অথবা চন্দ্রের আলো বিলুপ্ত।
আমার যত প্রশংসা আছে, দোষ দেওয়া কম,
আমি প্রতি মুহূর্তে অতীতের জন্য ঈশ্বরকে ধন্যবাদ জানাই,
এবং আপনার সময়মত ঠোঁটের জন্য আপনাকে ভালবাসি,
আমি যদি ব্যর্থ হতাম তবে এটি আমার পছন্দ ছিল।

এখন আমি আমার লোভ এবং কলহ এড়াতে পারি
যেমন আপনি আমাকে একটি বিশ্রামের ঘুম শিখিয়েছেন।
আমি নতুন বছরের সকালে ঘুম থেকে উঠতে চাই,
বিচারে শব্দ, অযথা ইচ্ছা বর্জিত।

ধন্যবাদ